学校では教えてくれない本当の日本史

「歴史の真相」研究会

宝島SUGOI文庫

宝島社

学校では教えてくれない本当の日本史

はじめに

すべての歴史は、誰かが書き記したものである。

そこには、必ず執筆者や編纂者の意図がある。その意図に従って、真実は時にクローズアップされ、あるいは闇に葬られ、時に誇張され、創作されて「歴史」となる。

つまり真実はひとつだが、歴史は歴史家の数だけ存在しうるのだ。だからこそ、教科書に収められた「歴史」が百パーセント真実であるはずもない。

だからこそ、歴史はおもしろい。

歴史家たちは何を書き、何を書かなかったのか。彼らの意図を踏まえた上で史料を紐解き、さまざまな可能性について考察を加えれば、真実の欠片《かけら》が見えてくる。

そして、真実の欠片から導き出される異説・新説——「平清盛の父親は白河法皇だった」「源義経は出っ歯の醜男《ぶおとこ》だった」「織田信長暗殺の黒幕は千利休」「徳川家康は武田信玄の隠し子」「西郷隆盛は西南戦争後も生き延びていた」「松下村塾は〝ゆとり教育型〟だった」「篤姫はかなりの床上手だった」「松尾芭蕉は忍者だった」「板垣退助の名言は捏造」「伊藤博文は希代の絶倫男だった」「聖徳太子はいなかった」「幻の出雲王朝には高さ48メートルの空中神殿があった」エトセトラ。

古代から近現代まで、これらの異説・新説を本書では「真実の可能性がある」という観点からピックアップしている。それが、本書の「意図」である。

何が真実で何が真実でないのか。それは、誰にもわからない。タイムマシンが発明されるまでは。だがしかし、本書で取り上げた異説・新説を知ることで、読者諸兄の「歴史を疑う目」が養われることを願ってやまない。

「歴史の真相」研究会

学校では教えてくれない

本当の日本史

第二章　戦国

第三章 幕末

第四章　江戸

第五章　近現代

第六章　古代

第一章 中世

実は出世を約束されたサラブレッド!?

平清盛《たいらのきよもり》の父親は白河法皇《しらかわほうおう》だった!?

成り上がりのイメージと出生の秘密

平清盛といえば、武家の出身でありながら太政《だじょう》大臣の位にまで上り詰め、一族郎党ことごとくを官職に就け、「平氏にあらずんば人にあらず」と身内に言わしめた傑物である。

頭角を現したのが保元の乱（清盛38歳）、平治の乱（同41歳）を制した中年期だったことから、一般的にルックスのイメージは完全にオッサンのそれだろう。出家して剃髪《ていはつ》した51歳以降の姿を思い浮かべる方も多いかもしれない。エネルギッシュな風貌は、〝成り上がり〟

出家後の清盛像
（菊池容斎《きくちようさい》画）

のイメージとどこかリンクする。

だがしかし、清盛には〝やんごとなき貴人のご落胤《らくいん》〟という噂がつきまとう。誰あろう、「天下三不如意」で知られる白河法皇である。

犯されざる白河法皇の権威

「天下三不如意」とは、『平家物語』に登場する白河法皇の思い通りにならない3つのもの——賀茂川の氾濫水、すごろくのサイ、山法師（比叡山延暦寺の僧兵）を指す。逆にいえば、この3つ以外のことであれば、すべてが意のまま。当時、白河法皇の権力はそれほど絶対的であった。

その絶対権力者と血がつながっているとなれば、平治の乱以降の清盛の大躍進も合点がいく。

『平家物語』によれば、母親の祇園女御《ぎおんのにょうご》は白河法皇の寵愛を受けた後、忠盛との間に清盛を授かったとされている。

平清盛の歴史年表

年代	出来事
一一一八	伊勢平氏の頭領・平忠盛の嫡子として生まれる
一一二九	白河法皇、77歳で崩御
一一五六	保元の乱
一一五九	平治の乱
一一六〇	正三位に叙され、武士で初めて公卿の地位に就く
一一六七	従一位太政大臣となるも、すぐに辞任
一一六八	出家
一一七一	娘の徳子を入内させる
一一七七	鹿ヶ谷の陰謀が発覚。反平家分子が一掃される
一一七九	治承三年の政変。後白河法皇を幽閉し、その院政に終止符を打つ
一一八〇	孫の安徳天皇が即位 後白河法皇の第3皇子・以仁王が平氏追討の令旨を発する 源頼朝挙兵
一一八一	熱病に倒れる。享年64

祇園女御は氏《うじ》素《す》性《じょう》も生没年も不詳だが、妹の子を猶《ゆう》子《し》にしたとする説もある。その子供こそ、平清盛であるともいわれている。

権力の頂点に立った親子の共通点

いずれにせよ、清盛は祇園女御の後押しを得て、出世街道を駆け上がる。武家の出で太政大臣の地位にまで上り詰めるなど、異例中の異例である。後に天下を取った武家出身の源頼朝が、朝廷とは一線を画して鎌倉幕府を開いたのとは好対照である。清盛は、あくまでも既存の権力基盤にこだわった。天皇の外戚となり、政《まつりごと》をほしいままにすることにこだわった。それはまるで、父親であるかつての白河法皇のように。

この親にして、この子あり。

「平家にあらずんば人にあらず」は、清盛が発した言葉ではない。けれども白河法皇の「天下三不如意」の意識は、脈々と受け継がれていたのかもしれない。

絶世の美女・常盤御前は妖女だった!?

清盛に取り入り平家を滅ぼした常盤御前《ときわごぜん》

時代もひれ伏した、その女の魅力

常盤御前は、源平時代において、もっともスキャンダラスでミステリアスな女性だ。

彼女はもともと雑仕女《おずしめ》いう下級の女官であった。これは、美女１０００人の中から１０００人を選び、１００人の中からさらに10人に絞り、10人の中でも、もっとも美に秀でている者を選出する形で決められたという。当時、常盤御前はわずか13歳。こんな逸話からも、常盤御前が人並み外れた美貌を持っていたことが窺い知れるだろう。

平家滅亡のきっかけを作った!?

1153年、源義朝《みなもとのよしとも》の妻になった常盤御前は、今若《いまわか》、乙若《おとわか》、牛若《うしわか》の3人の子をもうけるが、子供たちが幼いうちに義朝は平治《へいじ》の乱で殺されてしまう。当時は強い男が好かれた時代。常盤御前もまた、勝者である平清盛《たいらのきよもり》に惹かれていった。そして、清盛と男女の関係を結び、子供たちも助命された。

やがて、彼女は清盛のもとで廊《ろう》の御方《おんかた》と呼ばれる清盛の娘を産む。廊の御方は右大臣・藤原兼雅《ふじわらのかねまさ》の妻となり、清盛の庇護を受けて幸福な人生を歩んでいった。

後に清盛と別れた常盤御前は、中級貴族・一条長成《いちじょうながなり》の妻となり、そこでも何人かの子供をもうけた。その後も彼女は豪族の男と関係を結び歩き、次々と子供を授かっては生んでいった。

何人もの男を手玉に取った常盤御前。彼女の色香に惑わされた平清盛が、彼女の子である源義経《みなもとのよしつね》を助けたことで平氏が滅びたと指摘する学者も少なくはない。

常盤御前を巡る 人物相関図

非業の死か穏やかな余生か……？

常盤御前と義朝との間に生まれた3人の男児は、三男の牛若（義経）のみならず、いずれも鎌倉幕府成立の過程で命を落とした。母である常盤御前もまた、現在の岐阜県関ケ原町にて命を落としたと伝えられており、かの地には彼女の墓がある。とはいえ、彼女の消息を示す文献は残されておらず、群馬県前橋市や鹿児島県鹿児島市、埼玉県飯能市にも常盤御前の墓とされるものがある。

ちなみに、一条長成との間にもうけた嫡子・能成《よしなり》は、義経と行動をともにしていたため、頼朝によって政界を追われている。それでも義経の死から19年、頼朝が没して9年後の1208年12月、能成は政界に復帰。従三位まで出世し、75歳で天寿をまっとうした。一説には、この能成のもとで、常盤御前は余生を静かに暮らしたともされる。波乱万丈の人生は案外、ハッピーエンドで幕を下ろしたのかもしれない。

チンギス・ハーンと牛若丸の共通点

謎多きヒーロー義経 その真の姿に迫る！

容姿端麗な美男子？ 出っ歯の醜男？

映画やドラマでは、必ずといっていいほど二枚目俳優が演じる武将・源義経《みなもとのよしつね》。それもそのはず『義経記《ぎけいき》』には、かの楊貴妃《ようきひ》や松浦佐用姫《まつらさよひめ》にたとえられるような美貌の持ち主だったと記されているのだから。

だが一方、『平家物語』では「色白で背の低い男だが、前歯がとくに出ている」とか「平家の中のえりくずよりもなお劣っている」など散々だ。

平家側からすれば、一族を滅亡に追いやった男なのだからこのような批評は仕方ないにしても、これはあ

源義経生存説 足取りを辿る

岩手県遠野

義経が旅の疲れを癒すために、農家の風呂に入れてもらったという

まりにもひどい。イメージダウンもいいところだ。

　では、彼の容貌を客観的に記した史料やその姿を描いた絵画はとなると、実はひとつも残されていないのだ。ひたすら眉目秀麗な英雄として語られているが、いささか美化されすぎていることは否めないだろう。

今なお語り継がれる「義経不死伝説」

　謎多き歴史的ヒーロー・源義経。その最大のミステリーが「義経不死伝説」だろう。１１８９年4月30日、源頼朝と対立した義経は奥州に逃れ、衣川館に潜伏していたところを義経捕縛の命を受けた藤原泰衡《ふじわらのやすひら》に襲われる。泰衡は５００騎をもって十数騎の義経らを襲撃。義経はこれが最期と諦め、妻子を殺害した後、自らも命を絶ったのである――享年、32歳であった。

　だが、義経の首が鎌倉に到着したのは6月13日のこと。何と死後43日も経ってからである。首は腐敗し、顔も判別できなかったため「実は義経は生きているの

青森県東津軽郡
義経寺があり、義経が馬を繋いだと伝わる「馬屋岩」が現存する
◀
沙流郡平取町
祭神として義経の木像が祀られている「義経神社」がある
◀
岩内郡岩内町
義経がアイヌの女性と別れを惜しんだという雷電峠がある

ではないか」とささやかれるようになったのだ。

義経はチンギス・ハーンになった!?

実は岩手県や青森県、北海道には、義経主従にちなむ史跡が数多く残されており、それが事実ならば義経は海岸伝いに逃げたことになる。さらに、彼は日本海を越えて大陸へ渡り、何とモンゴル帝国の創始者チンギス・ハーンになったともいわれているのだ！

その根拠として、義経とチンギス・ハーンの共通点が極めて多いことが挙げられる。ふたりが同時代の人物であったことはもちろん、戦術が非常によく似ており、両者とも〝笹りんどう〟の紋章を使用していたという。また、チンギス・ハーンは9本の白旗を掲げていたのだが、この白は源氏の白旗、9は義経の通称〝源九郎〟にちなんでいるのではないかと考えられる。

モンゴル国を創建した英雄が日本の武士だったとすれば……歴史はまた、大きく塗りかえられるだろう。

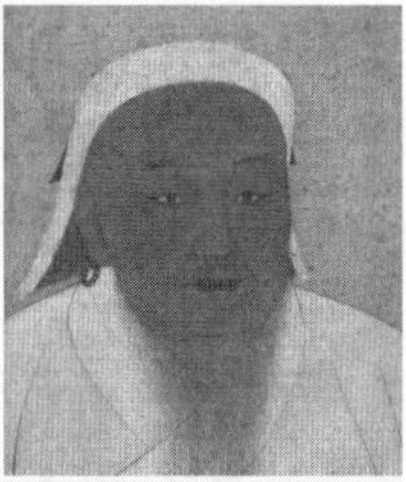

チンギス・ハーンは日本の武士・義経だった!?

義経は衣川館では朽ちていないのだろうか？

すべてはフィクションだったのか!?

武人・武蔵坊弁慶《むさしぼうべんけい》は架空の人物？

実在したのか？　疑惑の人物・弁慶

豪傑の代名詞として知られる、武蔵坊弁慶《むさしぼうべんけい》。源義経との決闘や仁王立ちの大往生など、数々の逸話を残した彼の生涯は今もなお語り草となっている。

だが、実のところ彼が実在したかどうかは定かでない。というのも、その逸話の多くが後世に創られた物語『義経記』で描かれたものだから。生まれながらにして3歳児の体型だったことや、千本の太刀を奪おうと悲願を立てたこと、さらに源義経に出会い家臣になったこと……そのすべてがフィクションなのである。

月岡芳年画「芳年《よしとし》武者无類《むしゃぶるい》」の義経と弁慶

では、史実における弁慶とはいったい、どんな人物なのか。『吾妻鏡《あづまかがみ》』には義経の従臣のひとりとしてその名が記され、『平家物語』では目立たない武将として登場するのみ。驚くことにこれ以外に弁慶について記された史料は残されていない。

武蔵坊弁慶に関するさまざまな説

謎多き弁慶については諸説ある。『義経記』によると、比叡山に預けられていた彼は乱暴を働いたため追放されたらしい。また、比叡山延暦寺と総本山園城寺《えんじょうじ》の抗争の首謀者として追放されたという説もある。

さらに、「弁慶の立ち往生」の舞台となった衣川《ころもがわ》の合戦だが、驚くことに彼は衣川では死なず、青森県や北海道へ逃れたともされる。どれが真実なのだろう。

我々が知っている天下無双の武人、弁慶。だが、それはすべて物語が創り出した人物像だった。真実の彼を知る者は誰もいないのだ。

武蔵坊弁慶の逸話

其ノ一
生まれたときには3歳児の体つきで、奥歯も前歯も生えそろっていた

其ノ二
五条大橋で源義経に勝負を挑んだが返り討ちに遭い、以後、義経の家臣となる

其ノ三
義経を守って堂の入口に立ち、雨のような敵の矢を受けて立ったまま絶命

一度は静まった合戦だったが……

那須与一《なすのよいち》の扇の話には凄惨な続きがあった!?

『平家物語』に伝わる〝扇の的〟伝説

義経が必死な思いで弓を拾った話でも有名な〝屋島の合戦〟。その中で、もうひとつ有名な話がある。それが「扇の的」である。

『平家物語』によると、屋島の合戦では屋島・庵治《あじ》平島の岸において激しい矢戦が繰り広げられていたが、夕刻になると日も落ちてきて休戦状態となった。すると平氏のほうから美女の乗った小舟が現れ、「竿の先にある扇を射《う》て」と挑発してきたのである。

義経は「これは絶対に外せない」と数々の武勇を誇

的を狙い、弓矢を構える那須与一

り〝怪力伝説〟でも知られる畠山重忠《はたけやましげただ》を選出。しかし、畠山は辞退してしまう。続いて下野国《しもつけのくに》の那須十郎《なすのじゅうろう》が推薦されるが、彼も辞退しその代わりとして弟・与一《よいち》が射ることとなったのだ。

扇の次に射たれた平氏の武者

与一は馬を海中に入れて身構えた。そしてもし的に当てることができなければ切腹すると誓い、鏑矢《かぶらや》を放ったのである。そうして与一の射《う》った矢は見事に扇の柄を射抜き、扇は空へ舞い上がって春風にもまれながら海へ静かに散っていった……と〝扇の的撃ち〟の様子は描かれている。しかし、物語はここで「キレイ」には終わっていなかった。あまりの見事さに感極まった平氏の武者が踊りだし、それを見た義経が「あの男も射てしまえ」といったため、与一はその武者を射殺してしまったのである。これに平氏が激怒して〝また〟不粋なる戦いがはじまってしまったという。

〝扇の的〟で何が起こったのか

其ノ一
平氏方から美女を乗せた小舟が現れ「竿の先にある的を射ろ」と源氏方を挑発

其ノ二
那須与一が射ることとなる。「外せば切腹」という覚悟のもと矢を放ち、見事に成功

其ノ三
命中したことに感銘を受け、踊りはじめた平氏側の武者を与一が射殺。再び合戦へ

京都だけでも500人以上！

『平家物語』の誕生で琵琶法師ブーム発生？

蝉丸からはじまった琵琶法師の歴史

鎌倉時代、琵琶法師ブームが巻き起こった。その引き金になったのが、かの有名な『平家物語』である。琵琶《びわ》の音に合わせて物語を吟《ぎん》じる琵琶法師《ほうし》が流行し、15世紀中頃には、京都の市内だけでも500人以上も存在していたというから驚きだ。そもそも、琵琶法師というものは宇多《うだ》天皇のとき、およそ9世紀頃の〝蝉《せみ》丸《まる》〟という人物から始まった。蝉丸は醍醐《だいご》天皇の孫で克明《よしあきら》親王の第一王子でもある源博雅《みなもとのひろまさ》という人物に、琵琶の秘曲《ひきょく》である『流泉《りゅうせん》』と『啄木《たくぼく》』を伝授したと伝え

られている。平安時代に入ると、琵琶法師たちは中国伝来の秘曲を奏でたり、即興《そっきょう》で曲を弾くようになった。貴族たちの詩歌《しいか》の朗詠《ろうえい》をする者もいたという。

宮中からもお呼びがかかり……

13世紀初頭に『平家物語』が成立すると、琵琶法師は物語を琵琶で奏でながら語る〝平家語り〟として庶民から親しまれる存在となり、ねずみ色の衣服を着て市内を練り歩いたという。

そんな頃、ひとりの琵琶法師がいつものように市内を巡っていると、彼の語る『平家物語』があまりにおもしろかったことから宮中に招かれ弾き語りをすることに。それ以来、琵琶法師は公家たちからも愛され、しばしば彼らに招かれるようになったという。

このようにして琵琶法師は『平家物語』の誕生とともに多くの人々から愛されることで隆盛《りゅうせい》を極めていき、全国に一大ブームを巻き起こしたのである。

琵琶法師ブームが巻き起こるまで

其ノ一
9世紀末、琵琶法師の起源とされる蝉丸が源博雅に秘曲を伝授したといういい伝えが残る

其ノ二
平安時代末期、中国から伝わった秘曲や即興曲を奏でる琵琶法師が存在していた

其ノ三
『平家物語』誕生後、庶民、公家などから幅広く愛されるようになり、琵琶法師ブームが到来

伊豆で出会った僧が取り出したのは……

源頼朝《みなもとのよりとも》に挙兵を決断させた父のドクロ

伊豆へ流された源頼朝と文覚

平治《へいじ》の乱に初陣して敗れ、伊豆蛭ケ小島《ひるがこじま》に流された源頼朝《みなもとのよりとも》。頼朝はそこで20年間という長い期間をすごし、１１８０年に〝平氏討伐〟を目標に掲げ挙兵。その挙兵の陰には、ひとりの僧の存在があった。

その僧とは、真言宗《しんごんしゅう》の僧・文覚《もんがく》。彼はもともと鳥羽天皇の皇女に仕える侍だった。そして出家後には、全国の山や寺で修行や荒行をこなしてきたという。このような特異な生き方からか、文覚は不思議な説得力を備えた修験僧として知られるようになる。『平家物語』

「福原院宣《ふくはらいんぜん》」によると、その文覚が頼朝と出会ったのは、伊豆に流されたときのこと。文覚は神護寺《じんごじ》再興を後白河法皇に強要したために伊豆に流されていた。

説得に応じない頼朝への最終兵器〝ドクロ〟

文覚は、そこで平家打倒の挙兵を強く頼朝に促す。これほど文覚が平家打倒を訴えたのには、その時代の〝国家仏教〟の時代背景が窺える。当時、文覚は「仏法と政治は結びつきあうことで互いに栄える」という思想を持っており、法皇の仏教に対する信仰も篤《あつ》かった。その法皇を幽閉してしまった清盛ら平家一門は、文覚にとって仏敵《ぶってき》だったようだ。

頼朝に出会った文覚は、「早く謀反を起こして全国を治めなされ」といって説得し始めたが、頼朝はすぐに首を縦に振ろうとはしなかった。自分の罪が許されない限り平家に謀反を起こせないというのだ。

そこで文覚は、懐から白い布に包まれた〝ある物〟

知っておきたい用語集

院宣

上皇や法皇から命令を受けて院司が出す文書。平安時代以降に存在する。天皇が命令を伝達する文書〝宣旨〟に相当する

仏敵

仏の教えに敵対すること。仏教信仰の篤かった法皇を幽閉した清盛は、まさに文覚にとっては仏敵だったといえる

神護寺

高野山真言宗の別格本山。当時、神護寺は荒れ廃れていたために、文覚は後白河法皇に再興を強要していたという

を取り出した。それはなんと頼朝の父・義朝《よしとも》のドクロだったのだ！　文覚は「あなたの父の頭です。これを首にかけてずっと山や寺で修行してきました。義朝公はあなたが立ち上がるのを願っております」といい、「あなたの流罪の許しをお願い申し出て、院宣を頂戴してきます」といい残して京都との間をわずか7日間で往復して法皇の院宣を持ち帰ったといわれている。

頼朝を納得させた文覚の説得術

しかし、たった1週間でその距離を往復し、院宣を受け取って帰ってくることは明らかに難しい。そのためこれらは「福原院宣」の作者による虚構とされているが、頼朝が挙兵するのにあたり文覚の説得が大きなきっかけとなったことは確かなようだ。

数々の修行を乗り越え、巧みな説得術を身につけた文覚。後白河法皇への神護寺再興の申し出は失敗したが、頼朝への説得は成功に終わったようである。

頼朝を挙兵させた文覚のその後

こうして頼朝は平家打倒の挙兵を決意、治承・寿永の乱が起こる。文覚は頼朝や後白河法皇の庇護を受け、各地の寺院を修復して回ることとなった。その後の戦いの結果として平氏は滅び、源氏の世がやってくる。

しかし、頼朝の挙兵から19年後の1199年、征夷大将軍としてこの世の春を謳歌していた頼朝もついに死去。すると文覚は後鳥羽上皇から謀反の意志ありと疑われてしまい、1205年には対馬へと流罪されるハメになる。彼の寺領はことごとく院の近臣や女房にわけ与えられてしまい、そのころ没頭していた神護寺の復興事業も、志半ばで中断せざるを得なくなってしまった。

結局、そのまま客死した文覚。一世一代の説得術で強い結びつきを持った頼朝との関係こそが、彼の生命線だったというわけだ。

誰もが知る肖像画の真実

源頼朝の肖像画は足利直義《あしかがただよし》がモデル!?

肖像画の中に描かれた矛盾

神護寺に所蔵される源頼朝の肖像画は、誰もが一度は目にしたことがある〝超〟有名なものだ。しかし1995年、この肖像画について衝撃的な新説が発表されたのである。

それはこの画のモデルが頼朝ではなく、室町幕府初代将軍・足利尊氏の弟の足利直義《ただよし》であるというのだ。

その理由として、冠や毛抜型太刀《けぬきがたたち》の形式が頼朝の時代には存在しなかったという点や、肖像画に描かれた目や鼻、口、耳などの表現様式が、14世紀中期に制作

頼朝を描いたものとされてきた肖像画

されたものと一致する点などが挙げられる。何より、肖像画の像主が頼朝であるということがどこにも記されていないのだ。

唯一、大英博物館に頼朝像が残されているが、これは明らかに神護寺にある頼朝のものとされてきた肖像画を模写したもので、18世紀以降に成立したものだと研究で証明されている。

直義が願文の中で綴った衝撃の事実

また、直義が神護寺に宛てた願文の中に〝結縁《けちえん》のために自身（直義）の影像を神護寺に安置する〟といった内容が記されていることも明らかになった。

まだ新説が浮上して十数年のため、その肖像画が誰を描いたものかは論争中である。

今現在、ほとんどの教科書から姿を消してしまった頼朝の肖像画。したり顔で子供に「これは頼朝だ」なんていってしまわないように注意したいところだ。

頼朝肖像画の矛盾点

其ノ一	其ノ二	其ノ三
モデルの人物が着用している冠の形式は、鎌倉末期以降のもの	眉や目など、顔の部位の表現様式が14世紀中期のものと類似している	描かれた毛抜型太刀は、14世紀のものだった

四方八方敵ばかりだった男の末路

大将軍・源頼朝は暗殺されていた!?

「落馬が原因で死んだ」は事実か？

鎌倉幕府を築いた源頼朝の最期は、実にあっけないものだった。幕府の公式記録『吾妻鏡』には「１１９９年1月13日、相模川の橋供養に臨席した源頼朝は、その帰途、落馬してほどなく死亡した」とあるが、この記録自体が死から13年も経った後に書かれたものなのだ。また、14世紀頃に書かれた『保暦間記《ほうりゃくかんき》』には、「これまで彼が滅ぼした一族の亡霊の祟りで、頼朝は発病して亡くなった」とされているほか、浅井了意の『北条九代記』では「橋供養の帰りに義経や安徳《あんとく》帝の亡霊

を見て驚きのあまり落馬した」となっている。落馬が原因で死んだというのは本当なのか？

謀殺の可能性あり！　首謀者は？

頼朝の死因については謀殺説もささやかれる。歌人・藤原定家《ふじわらのさだいえ》の日記『明月記《めいげつき》』には「頼朝の死後わずか7日目、公家・土御門通親《つちみかどみちちか》はまるで頼朝の死を知っていたかのような手はずで、頼朝派一掃の人事を行なった」と記されている。そこから「通親が頼朝を謀殺したのではないか」という説が浮かび上がったのだ。

また暗殺を企てたのが、何と妻・政子《まさこ》だという説も。その説によると生粋の浮気性だった頼朝は、ある女房の元へ忍びに行った際、警護の安達盛長《あだちもりなが》に斬られたのだという。しかも、頼朝の浮気に手を焼いた政子が、裏で手を回したのではないかというのだ。義経や安徳帝をはじめ、多くの人間を踏み台にして成り上がった源頼朝の、あまりに情けない最期である。

源頼朝の歴史年表

年代	出来事
一一四七	源義朝の三男として生まれる
一一五九	平治の乱に敗れ、伊豆蛭ヶ島に流される
一一八〇	平氏打倒を目指して挙兵。鎌倉に本拠を置く
一一八五	壇ノ浦の戦いで平氏を滅ぼす
一一九二	征夷大将軍に任じられる
一一九九	落馬が原因で死去

現実逃避の末に思いついた渡宋計画

3代将軍・源実朝《みなもとのさねとも》は日本脱出を画策した!?

鎌倉幕府第3代将軍・源実朝

頼朝の長男である第2代将軍頼家《よりいえ》が殺害されたことで、その後の将軍職を継ぐこととなった源実朝《さねとも》。征夷大将軍といえば、絶対的な権力をほしいままにするように思えるが、実朝の場合はそうはいかなかった。彼は、征夷大将軍になったものの実際に権利を握っていたのは母の政子《まさこ》や北条氏であり、実朝は彼女たちの〝操り人形〟状態だったという。

名ばかりの将軍という立場に嫌気がさした実朝は、やがて〝現実逃避〟へと陥っていく。

実朝はまず、ずっと憧れていた京の文化に入れ込むようになった。もともと鴨長明《かものちょうめい》など京の文化人と親交があった実朝は、藤原定家を師匠に招いて和歌を嗜《たしな》むようになり『新勅撰集《しんちょくせんしゅう》』『金槐和歌集《きんかいわかしゅう》』など多くの作品を残していく。その腕前は、「当世には不相応な達者なものだ」と定家から褒められるほどだったとか。

◆エスカレートしていく現実逃避

その後、実朝の現実逃避はついに日本脱出計画にまで及ぶ。自身の身の置き場所を、日本ではなく海外に求めたのである。征夷大将軍という立場からはありえない発想ではあるが、それほどまでに彼は自分の立場が辛かったのだろう。実朝は宋にある医王山《いおうぜん》に拝みに行くという口実をつけ、日本を脱出して渡宋することを決意。宋の工人《こうじん》で東大寺が焼失した際には大仏の再興にも協力してくれた陳和卿《ちんなけい》という人物に、造船を依頼している。その際、北条側の義時《よしとき》らがこれを阻止し

将軍・実朝の実権を巡る人物相関図

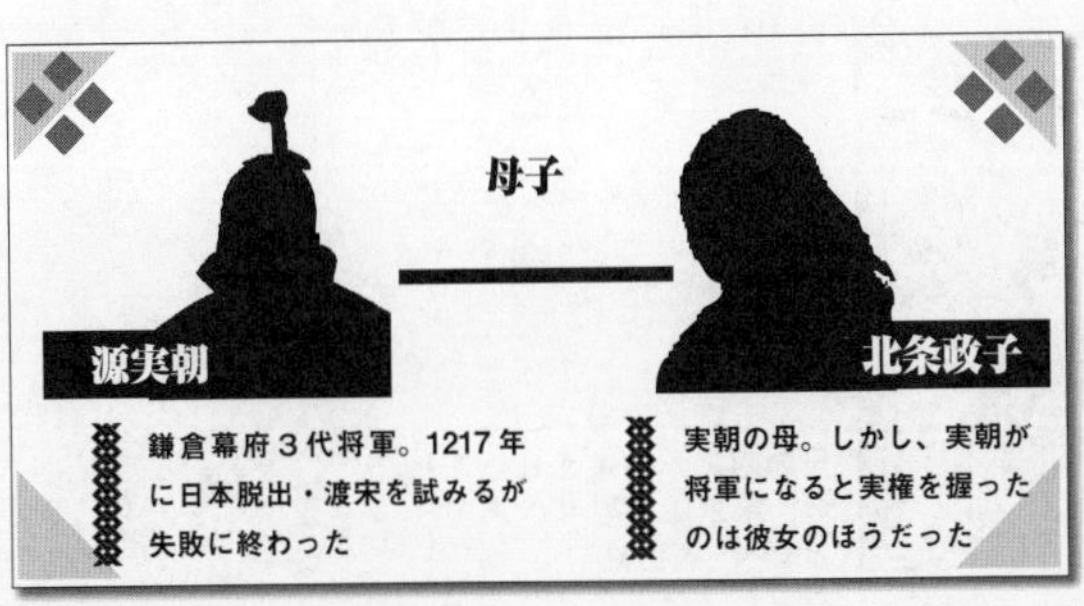
母子
源実朝
鎌倉幕府３代将軍。1217年に日本脱出・渡宋を試みるが失敗に終わった
北条政子
実朝の母。しかし、実朝が将軍になると実権を握ったのは彼女のほうだった

ようとしたが、実朝の決意は固く、彼が耳を貸すことはなかったという。

そして1217年4月、ついに船が完成！　実朝の計画が実行に移される日が来たのだ。実際に鎌倉の由比ケ浜《ゆいがはま》に船を浮かべる実朝。ところが船は浮かぶことなく砂浜で朽ちてしまい、実朝の日本脱出計画は失敗に終わったのである。

その後、渡宋の夢を果たすことができなかった実朝は日本で過ごすこととなり、最終的には右大臣となっている。

官位昇進を望んでいたその理由とは

また、実朝は将軍に就任したあとにもかかわらず官位昇進をひたすら望んでいたという。だが、これは現実からただ逃れたいというわけではなく、側近官僚だった大江広元《おおえのひろもと》によると、家名の誉れを残すために、彼は官位へ上がることを望んでいたとか。

兄の頼家が殺害されたことで、将軍職を継ぐハメ（!?）となった源実朝

政治から逃れ、和歌・管弦に親しんだ上に海外逃亡まで考えた実朝だったが、彼は必ずしも自分に与えられた役目や〝源家〟としてのプライドをすべて放棄したわけではなかったようだ。

邪魔者扱いされた末に暗殺され……

その後、実朝は拝賀《はいが》の式の際に2代将軍頼家《よりいえ》の遺児・公暁《くぎょう》によって殺害されてしまう。なぜ公暁が実朝の暗殺に至ったのかは謎のままだが、実朝を煙たがった三浦義村《みうらよしむら》や北条義時が、実朝が頼家（公暁の父）の敵であることを公暁に教え込み、殺害を指示していたのではないか……と考えられている。それは、日本脱出失敗から2年足らずのことだった。

幕府に自分の存在意義を見出せず、ほかに居場所を見つけ出そうとした実朝。しかし、夢は叶わず挙句の果てに幕府の人間に命を奪われるとは、なんとも悲しい最期だった。

3代で途絶えた不遇の将軍家

源氏3代暗殺の黒幕は誰だったのか？

計画通りに葬られた頼家

鎌倉幕府の黎明期に将軍職を担った源氏3代は、相次いで非業の死を遂げている。まず、初代将軍・頼朝《よりとも》であるが、娘の大姫《おおひめ》を後鳥羽《ごとば》天皇に入内《じゅだい》させようとするなど、藤原氏と変わらぬやり口に失望した諸武家の総意で暗殺されたといわれている。

続く2代将軍・頼家《よりいえ》の死因は、公式記録『吾妻鏡《あづまかがみ》』では一切語られていない。しかし、『愚管抄《ぐかんしょう》』には刺客に襲われて刺殺されたとあり、おそらく北条時政《ほうじょうときまさ》の手の者だろうと推測される。なぜなら、これに先立つ

源実朝の暗殺の裏には後鳥羽上皇の存在があった……？

こと1年前、頼家が存命中にもかかわらず、藤原定家のもとに幕府から「頼家が没し、子の一幡《いちまん》は時政が討った。弟の千幡《せんまん》を将軍にするので許可してほしい」との書状が送られているのだ。その後、この書状に〝予告〟された通り、比企能員《ひきよしかず》と一幡は時政に滅ぼされ、計画通り千幡が実朝として将軍職を継いでいる。

実朝暗殺の黒幕は後鳥羽上皇か

3代将軍・実朝《さねとも》の場合は、暗殺の実行犯は公暁《くぎょう》であることがはっきりしている。問題は誰が黒幕かだが、ここでは後鳥羽上皇説を紹介しよう。彼は自らの側近・坊門信清《ぼうもんのぶきよ》の娘を実朝に嫁がせ、子供を作らせないように指示。源氏の血統を絶やそうとしたといわれている。また、当時の朝廷には身分をわきまえない昇進は若死にするという迷信があった。実朝を右大臣に異例の出世を遂げさせたのは、後鳥羽上皇の〝呪い〟だったのではないだろうか。

源氏3代暗殺の裏に潜む黒い影とは!?

源頼朝
武家たちの意に反する姿勢をとり始めたため、諸将の総意によって暗殺？

▶

源頼家
北条時政の謀略のもと、刺客によって襲われ刺殺された

▶

源実朝
武家政権に反対する後鳥羽上皇が、源氏の血を絶やすため公暁に暗殺を指示？

天下を握った恐妻の真実

尼将軍・北条政子《ほうじょうまさこ》は愛こそすべての乙女？

まるでメロドラマのヒロイン!?

自由な結婚が認められていなかった時代に〝愛〟を貫き、夫亡き後は一国の頂点にまで立った北条政子《ほうじょうまさこ》。彼女はまさに、ドラマのヒロインのような波乱万丈の人生を送った……といっても過言ではないだろう。

1160年、父・源義朝《みなもとのよしとも》とともに平清盛《たいらのきよもり》と戦って敗れた頼朝は、蛭ケ小島《ひるがこじま》に流される。監視役に命じられたのがこの地を治めていた北条時政。これが時政の娘・政子と頼朝のロマンスのきっかけとなった。

ふたりの仲が平家に知られるのを恐れた時政は、平

幕政を掌握した政子は、日野富子や淀殿と並ぶ悪女と評されることも

家の領地である伊豆国の代官・山木兼隆《やまきかねたか》に政子を嫁がせようとする。だが婚礼の日の夜、何と政子は山木の屋敷を抜け出し、豪雨の中を夜通し走りながら頼朝の元に向かったのである！　こうしてふたりは無事、結ばれたというわけである。

夫の浮気には〝行動〟で対抗

こうして結ばれたふたりだが、頼朝は生来の浮気性。政子の妊娠中には、流人時代からの愛人・亀《かめ》の前《まえ》を近くに住まわせたという。この話を時政の後妻・牧の方から聞いた政子は激怒！　牧の方の父・牧宗親《まきむねちか》に命じて屋敷を襲わせ、破壊させたというから恐ろしい。

政子が2番目の子を妊娠しているときも、頼朝は殿中に仕える大進《だいしん》の局に子どもまで生ませている。当然この浮気もバレ、政子は大激怒！　一夫多妻が常識だった時代にこの激情家ぶり。彼女がやがて政治の実権を握ったのも必然だったのかもしれない。

北条政子
鎌倉幕府初代征夷大将軍・源頼朝の妻であり、北条時政の娘。伊豆に流刑された源頼朝と恋仲になって結婚。夫亡き後は出家し、幼い藤原頼経《ふじわらのよりつね》の後見となって幕政を取り仕切ったゆえ、俗に「尼将軍」と呼ばれる。

北条時政をそそのかした美しき後妻

将軍暗殺を画策した牧《まき》の方《かた》の野望とは？

親子ほど年の離れた美貌の若妻

北条政子の父・北条時政は頼朝の死後、2代将軍・頼家《よりいえ》を追放して暗殺し、頼家の弟でまだ12歳だった実《さね》朝《とも》を3代将軍として擁立する。

これは幼い実朝に代わって政務を行なう執権として権力を握るためだった。しかし、この頃から政子や息子の義時との仲は険悪になっていく。その原因のひとつには、親子ほど年の離れた若い後妻・牧《まき》の方《かた》の存在があった。牧の方は美貌に恵まれており、また気性の荒い野心家でもあったようだ。宴席で娘婿と口論になった幕府の重臣を、時政に頼んで殺させてしまったこともあった。これは政子や義時のみならず多くの人々の反感を買うことになった。

妻の野望むなしく夫は失脚

牧の方の野心は、最終的に時政の政治生命を終わらせる結果を招くことになる。彼女は娘婿の平賀朝雅《ひらがともまさ》を将軍に擁立し、幕府の実権を政子・義時の手から牧氏一族へ奪い取ろうと画策したのである。

牧の方は時政をそそのかし、3代将軍・実朝を暗殺する計画を立てた。しかし計画は実行前に露呈し、実朝は政子と義時に保護される。御家人たちは時政ではなく政子・義時側につく者のほうが圧倒的に多かったという。世間ではすでに「時政は悪女に操られる色ボケした老人」と見られていたのかもしれない。その日のうちに時政は逃げるように出家し、以後、政治の表舞台から姿を消すのだった。

牧の方を巡る
人物相関図

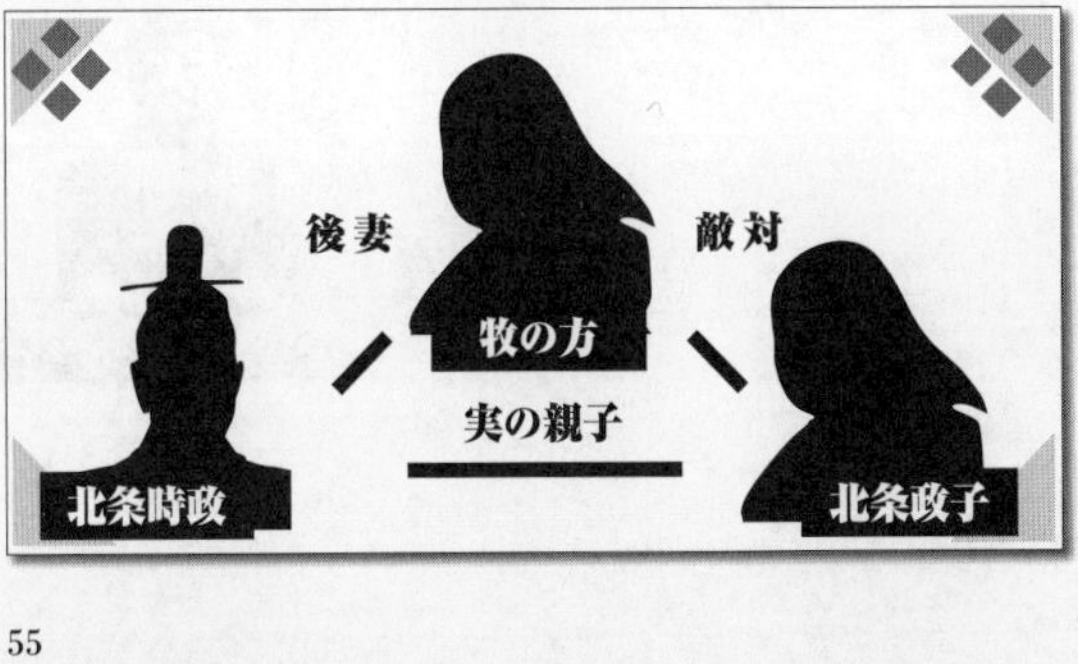

一族が権力を得るためには夫殺しも……

北条義時《ほうじょうよしとき》の暗殺犯は妻の伊賀《いが》の方《かた》？

幕府指導者・義時の不審な突然死

北条義時《ほうじょうよしとき》は北条政子の弟で、鎌倉幕府の成立当初から武家による政権が確立されるまでの時代に、重要な役割を演じた人物である。

義時は1224年、62歳で急死する。病没という記録もあるが、あまりに突然の死だったため、その原因はさまざまな憶測を呼んだ。死因の異説のひとつに、「義時は妻の伊賀《いが》の方《かた》に毒殺されたのではないか」というものがある。

伊賀の方は義時の後妻で、義時の四男・政村《まさむら》を産ん

だ女である。その彼女がなぜ義時暗殺の犯人とされているのだろうか？

僧侶の言葉から暗殺説が急浮上!?

この説は、承久の乱で敗れた京方指導者のひとり、二位法印尊長《にいのほういんたかなが》という僧侶の言葉による。義時の死から3年後、彼が六波羅探題《ろくはらたんだい》で尋問を受けている最中に、拷問の苦痛に耐えかねてこう叫んだのだ。

「義時の妻が義時に飲ませた薬を取り寄せて、早く私を殺してくれ！」

この言葉に周囲の武士たちは驚愕した。尊長は伊賀の方と縁戚関係にある。尊長が伊賀の方のことをいっているのは明白だった。義時の死後、伊賀の方は自分の息子の政村を執権の地位に就けようと画策したが、北条政子に阻まれている。真相は藪の中だが、伊賀の方のこの行動は、自らの一族が政権を奪取するために夫を毒殺した、という構図に説得力を与えている。

伊賀の方を巡る
人物相関図

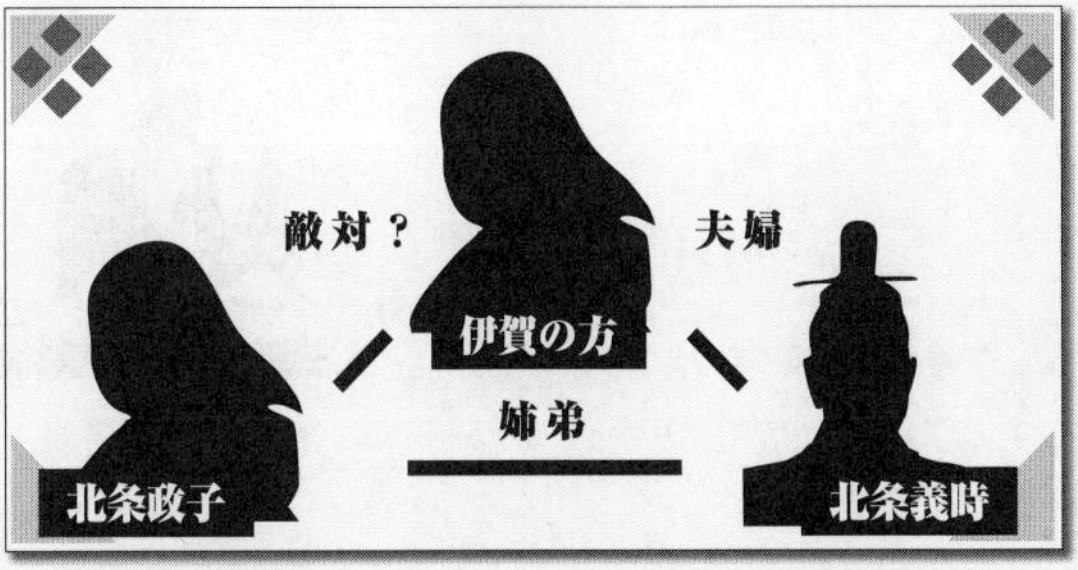

権力をほしいままにする計算高さ

後鳥羽上皇《ごとばじょうこう》を操り賄賂を得た藤原兼子《ふじわらのかねこ》

「ただの女官」が権力者を操る！

藤原兼子《ふじわらのかねこ》は鎌倉時代初期の女官である。しかし後に「権門女房《けんもんにょうぼう》」と呼ばれるまでの権力を手にした（「権門」とは政治的に力を持っている家柄や集団のこと）。一介の女官にすぎなかった兼子がそこまでの力を得られたのは、彼女が最高権力者である後鳥羽上皇《ごとばじょうこう》を思いのままに操れたからだといわれている。

後鳥羽上皇といえば承久《じょうきゅう》の乱を起こして鎌倉幕府を倒そうと画策して失敗し、隠岐《おき》に流された人物。また中世屈指の歌人としても知られており『新古今和歌《しんこきんわか》

集《しゅう》』の選者のひとりとしても有名である。兼子は彼の乳母であり、いわば育ての親だった。

幼い上皇は〝ママ〟のいいなり!?

1183年、源平合戦によって幼い安徳《あんとく》天皇が西海に逃れたことで京都は天皇不在の状態となり、後白河《ごしらかわ》法皇《ほうおう》は新天皇を占いによって決めることにした。そこで選ばれたのが当時4歳の後鳥羽天皇。裏では兼子の工作があったといわれている。

1192年には後白河法皇が死去し、13歳の後鳥羽天皇の親政が始まる。そして世継ぎの為仁親王《ためひとしんのう》が4歳になった1198年、後鳥羽天皇は譲位し上皇となり、院政を敷く。こうして兼子は最高権力者にもっとも近い立場に上りつめるのである。その影響力は上皇の命令も、上皇への取り次ぎも兼子を通して行なわれるほど。承久の乱に敗れ政治生命を絶たれるまで、兼子は賄賂の山に囲まれる生活を送ったという。

知っておきたい用語集

院政

天皇が死去する前にその座を次代に譲り、自身は上皇となって天皇に代わり政務を行なう形態の政治体制。院政体制において、上皇は実質的に天皇よりも大きな権力を持っていた

親政

国王や皇帝などの君主自身が政治を行なうことを意味する。日本では上皇が院政を行なわず、在位している現役の天皇が同時に治天の君として実権を握る状態をいう

あまりにずさんだった中国の造船事情

「文永《ぶんえい》の役」の神風は本当に暴風だった？

蒙古《もうこ》襲来に絶体絶命のピンチ！

神意に逆らうと起こるという「神風」。その規模はさまざまだが、鎌倉時代の中期、日本史上かつてないほどの大規模な神風が巻き起こった。

1274年10月、約4万もの兵を率いる元《げん》・高麗《こうらい》連合軍が日本に襲来し、対馬や九州、さらには博多、箱崎にまで次々と上陸した。連合軍は銅鑼《どら》の音や火薬が炸裂する音を鳴り響かせながら大群で押し寄せたため、日本兵たちは度肝を抜かれたという。

そのときの様子は、『八幡愚童訓《はちまんぐどうくん》』にも「博多・箱崎

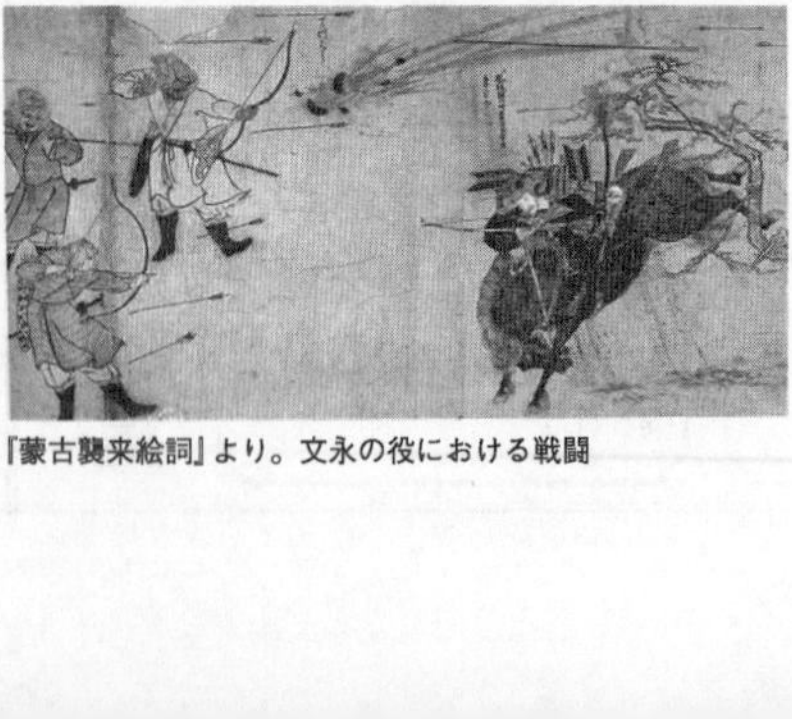

『蒙古襲来絵詞』より。文永の役における戦闘

ヲ打テ、多クノ大勢、一日ノ合戦ニタヘカネテ落チコモルコソ口惜ケレ」と記されている。

神風は意外にも小規模だった!?

元・高麗連合軍の勢いは止まらず、翌日には九州北部が完全に占領されるかと思われた。ところがその夜、突如として博多湾を大暴風が襲ったのだ！

博多湾に碇泊《ていはく》していた連合軍の船は一瞬にして沈没。日本軍は幸運にも勝利を収めることができたのである。

だが実際、この大暴風が起きたのは新暦の11月9日のこと。台風が発生する時期とはズレている。伝承では大暴風といわれる神風だが、意外にも温帯低気圧程度の小規模なものだったのかもしれない。では、なぜそのような弱風で元・高麗連合軍の船は沈没したのだろうか？　実は当時、朝鮮の造船工事は手抜きで、実戦向きではない弱い船ばかりだった。神風が吹くまでもなく、日本の勝利は決まっていたのかもしれない。

二度にわたる侵略
文永・弘安の役の経緯

其ノ一
チンギス・ハーンの孫、フビライ率いるモンゴル帝国と高麗の連合軍が日本を侵略

其ノ二
神風が吹き起こり、連合軍は撤退。連合軍の死者・行方不明者は1万3500人に及んだ

其ノ三
フビライはふたたび日本を侵略しにくるが、神風に遭い侵略の継続を断念する

絶対バレないはずの計画はなぜバレた!?

部下の別れ話が原因で失敗した倒幕計画

実行予定4日前に急襲された倒幕派

1324年9月19日。後醍醐天皇とともに4日後に鎌倉幕府の倒幕計画を企てていた土岐頼貞《ときよりさだ》や多治見国《たじみくに》長《なが》らが、幕府の大軍に襲われ、攻め滅ぼされた。同じように天皇の側近であった日野《ひの》資朝《すけとも》や日野俊基《としもと》らも捕らえられ、かねてから極秘で進められていた後醍醐天皇による倒幕計画は決行直前まできて失敗に終わる。

後醍醐天皇による計画は、厳密に進められていたはずだった。しかし、なぜ直前になって幕府側にバレてしまったのだろう。

その理由は『太平記《たいへいき》』に記されている。密事《みつじ》を外部に漏らしたのは、倒幕計画に参加していた土岐氏の一族、頼員《よりかず》という人物だった。

別れの原因を妻に突きとめられ……

倒幕計画がいよいよ実行に移されようとしたとき、頼員は最愛の妻に別れを告げた。倒幕実行は命懸けの行動、自分の命を見限った頼員は別れ話を切りだしたのである。しかしふたりは相思相愛の仲、突然の別れ話を怪しく思った妻は夫を問い詰めた。その際、頼員はつい倒幕運動のことを漏らしてしまったのだ。彼は妻に口止めをするがときすでに遅し。夫の身の危険を恐れた彼女はすぐに六波羅《ろくはら》の奉公人である父・斎藤利行に報告。結果、幕府に計画がバレてしまったのである。これまで極秘に進められてきた壮大なる〝倒幕プロジェクト〟。それは1組の夫婦愛によって打ち砕かれてしまったのである。

倒幕計画がバレた 人物相関図

〝万人恐怖〟で恐れられた将軍

足利義教《あしかがよしのり》はくじ引きで6代将軍になった!?

6代将軍は〝くじ将軍〟

室町幕府6代将軍となった足利義教《あしかがよしのり》。彼を将軍に選び出した方法は、なんとくじ引きだった。

1423年、4代将軍・義持《よしもち》は将軍職を譲り隠居。ところが5代将軍・義量《よしかず》は2年後に後継ぎも残さず死去したため、次の将軍選出をめぐって評議が行なわれることとなった。そして醍醐寺三宝院の満済《まんさい》の発案によりくじ引きで将軍が選出されることとなったのだ。

当時、神を信じるという風潮があったため「くじ引き=公正」と考えられていたこともあるが、提案者であ

〝くじ将軍〟こと室町幕府6代将軍・足利義教

る満済が、自分の意見によく従う義教を将軍に仕立てあげるために故意に仕組んだとも考えられている。

将軍就任後、義教は悪政に出た

くじは義教を含む義持の4人の弟が引き、その結果〝アタリ〟を引いた義教が将軍に選出された。

だが義教は大変気性が荒く、彼の政治は嗜虐《しぎゃく》性のある〝恐怖政治〟として恐れられることに。たとえば、恨みを抱いていた側室の兄からは所領を没収、謹慎させた。偶然笑った者を「将軍を笑った」といい掛かりをつけ蟄居《ちっきょ》させたり、料理がまずい、花の枝が折れたといった理由で処罰することもあったという。

義教の悪政に苦しめられた人々は80人にも及ぶ。彼らはくじで義教が将軍に選ばれたことを恨んだことだろう。もし内面を見て将軍が選ばれていれば、義教が将軍に選ばれることもなく、彼の政治の〝犠牲〟になることもなかったのだから。

義教による悪政の数々

其の一
比叡山根本中堂の炎上についての噂をした者を斬首した

其の二
闘鶏《とうけい》の見物客で行列が通れなかったため、京都のニワトリを洛外へ追放！

其の三
妻が子を産むと、不仲だった妻の兄のもとへ祝賀にきた客全員を処罰！

幕府を我がものにせよ!

日野《ひの》富子《とみこ》は金策目的で応仁の乱を起こした!?

我が身を守るため、目覚めし令嬢

足利《あしかが》将軍家と縁戚関係を持つ由緒正しき名門・日野《ひの》家に生まれた日野富子。幼い頃から英才教育を受けて育てられた淑女が、なぜ悪女の代表格と称されるまでになったのか?

1455年、富子は第8代将軍・足利義政《よしまさ》と婚姻。これで栄えあるセレブ人生が約束されたと思いきや、当時の将軍家は内部での権力闘争が激しく、義政の側近である有馬持家《ありまもちいえ》と烏丸資任《からすますけとう》、乳母の今参局《いままいりのつぼね》の〝三魔〟と呼ばれる3人が幅を利かせていた。そんな陰謀渦巻

く伏魔殿を生き抜くため、富子は悪女として覚醒していくこととなる。

言いがかりでライバルを追放

1459年、富子は男児を出産するが、その日のうちに夭折《ようせつ》してしまう。家中が悲しみに暮れる中、富子はとんでもない行動に出る。義政の実母である重子《しげこ》と共謀し、息子が死んだのは今参局が呪いをかけたせいだと主張したのだ。義政はそれを聞き入れ、今参局を流罪の刑に処した。さらに富子は義政の側室4人を追放、将軍家内で確固たる権力を手に入れたのだった。

1465年、富子は再び男児・義尚《よしひさ》を出産する。前年に隠居を表明した義政に代わり、実弟の義視《よしみ》が世継ぎに選ばれたばかりだったため、この出産には処々から疑問が呈された。数ある俗説の中でも一番有力なのが、義尚は後土御門天皇《ごつちみかどてんのう》との間にできた子供だったという説である。当時、後土御門天皇が通っていた禁中

日野富子の年表

年代	出来事
一四四〇	山城国に生まれる
一四五五	足利8代将軍・義政の正室となる
一四五九	第一子が誕生するも、その日のうちに死亡
一四六五	足利義尚を出産
一四六七	応仁の乱勃発
一四七三	義尚が将軍職に就任する
一四七六	花の御所が焼失したため、小川御所へ移る
一四八〇	京七口の関銭を私腹したため徳政一揆起こる
一四八九	六角高頼を討伐するため、近江遠征中の義尚が死去
一四九〇	義政死去。富子は出家し、一位の尼に
一四九六	死去。享年57

の局に富子がいたことは周知の事実であり、この噂はたちまち京の街に知れ渡った。

私利私欲で応仁の乱を誘発！

その後、富子は細川勝元《ほそかわかつもと》と対立していた山名宗全《やまなそうぜん》に取り入って、義尚を将軍の座につかせようと画策する。世継ぎ・義視の後見人であった勝元は富子にとって邪魔な存在だったのだ。だが、このことが原因で両者の対立は激化し、1467年に応仁《おうにん》の乱が勃発。京都が揺れる中、乱の原因となった富子は何をしていたか？なんと金儲けに奔走していたというのだから驚きである。関所を設置し旅人から関銭を徴収、米相場から賄賂を取り、得た金は諸大名に高利で貸しつけた。

義尚が将軍に就任する頃には、幕府はほとんど富子が稼いだ金で動いていたという。世間体を顧みず、私利私欲に奔走して手にした左うちわ生活。57歳で亡くなるまで、その権力が衰えることはなかった。

そもそも銀箔など必要なかった

なぜ、銀閣寺は輝いていないのか？

銀箔が貼られていない銀閣寺

「足利義満《あしかがよしみつ》の金閣寺があれほど美しく輝いているのだから、義政の銀閣寺もさぞ、素晴らしいことだろう」

そんな考えで銀閣寺に行くと、気抜けすること必至。

事実、銀閣寺はまったく輝いていないのだから。では、なぜ銀閣寺には銀箔が貼られていないのだろう？

現在の形こそ完成形

義政が銀閣寺の造営に着手したのは、１４８２年

東山慈照寺《とうざんじしょうじ》。〝銀閣寺〟の愛称で呼ばれている

のこと。ところが「応仁・文明の乱」の直後ということもあって財政難が響き、なかなか工事は進まなかったという。2年後に禅室の西指庵《さいしあん》ができ、翌年には持仏のある東求堂《とうぐどう》がようやく完成。そして観音殿《かんのんでん》が完成し、銀閣の上棟式が行なわれたのは1489年、造営に着手してから7年後のことだった。

こうした経緯から「義政は金閣寺に対抗して銀を貼るつもりだったが、財政難のため実現しなかった」とする説が有力だ。だが実は〝銀箔を貼る予定だった〟というような記録はどこにも残されていないのだ！

事実、義満が建てた金閣寺は、義政にとっての政庁であった。一方で、銀閣を含む東山山荘は政治からの避難場所、いわば避暑地だったという。しかも「銀閣寺」という名称は後世になってつけられた俗称。もともとは2階に観音像が安置されていることから、観音殿と呼ばれていたのだ。

義政は初めから銀を貼るつもりなど、まったくなかったと考えるべきなのである。

足利義政

室町幕府の第8代将軍。幕政を正室の日野富子に任せ、自らはもっぱら数奇の道を探求したという。

〝トンチ〟を利かせた一休の訓え

一休《いっきゅう》さんの〝奇行〟は仏教の伝統のため⁉

仏教での禁止行為を繰り返し……

〝一休さん〟の愛称で知られる臨済《りんざい》宗《しゅう》大徳寺《だいとくじ》派の禅僧・一休宗純《いっきゅうそうじゅん》。〝一休さん〟といえば、大きな目にクリクリ坊主、機転の利いたかわいい小僧が目に浮かぶが、実際には風変わりな格好を好み〝奇言奇行〟を繰り返す、相当な変わり者だった。一休は僧でありながら木刀を差して街を歩き回り、仏教で禁じられている飲酒や肉食、また女犯《にょぼん》も平気で犯した。しかも隠れてするのではなく、公然とである。だが、一休があえて衆人たちの目に触れるように破戒行為をしたのには、ある

狙いがあった。一休がただの〝変人〟で終わらなかった理由があるのだ。

〝変態行為〟が共感を呼ぶ!?

当時、京都五山《ござん》の禅僧たちには権力におもねり、五山文学などにうつつを抜かす風潮が蔓延《まんえん》。仏教の形骸《けいがい》化が懸念されていた。また、表面だけは〝イイ顔〟をして裏では堕落・退廃した生活を送る虚飾《きょしょく》や偽善に満ちた禅僧が増えはじめていたのである。こうした状況を目にした一休は、自身が〝乱れた行為〟を人目に曝《さら》すことで、堕落した禅僧たちを痛烈に批判したのである。そして、このままでは仏教が風化してしまうということを、身をもって僧たちに知らしめたのだ。

少し間違えれば〝変人〟とも思われかねない行動を、仏教の伝統を守るために堂々と行なった一休。この形式にとらわれない人間性が民衆の共感を呼び、のちにかの有名な「一休頓智《とんち》話」を生み出したのである。

一休が最期に残した言葉

死にとうない

1481年、一休は臨終の際にこのようにいったと伝えられている。生涯をまっとうした一休の気持ちがよく伝わるひと言だ

西行は大失恋の痛手から出家した⁉

恋に破れて出家した厭世の大歌人・西行《さいぎょう》

突然の出家に周囲の人々は仰天！

「出家した人は救いや悟りを求めており、本当に世を捨てたとはいえない。出家しない人こそ自分を捨てているのだ」こういい残し、妻子を捨てて出家した平安末期の歌人・西行《さいぎょう》。彼の出家が多くの人を驚かせたというのも無理はない。

何せそのとき、彼は弱冠23歳で官位を授かっている身分。とても、世に無常を感じる人物とは思えない。ときの右大臣・藤原頼長《ふじわらのよりなが》も日記に「西行は家が富み若いのに、生活を捨てて仏道に入り厭世したという。

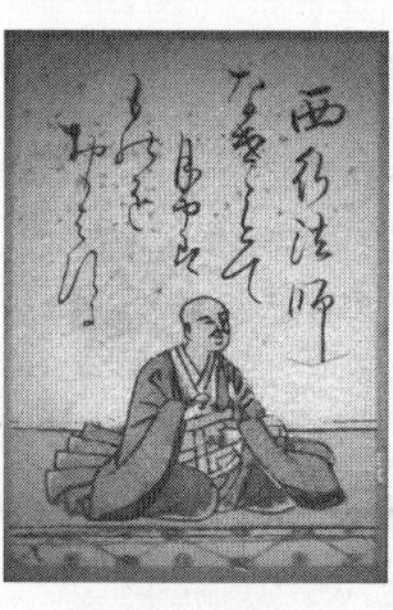

百人一首でも知られる西行

人々はこの志を嘆美《たんび》し合った」と書き残しているほど。

出家後は人里離れた山奥でひっそりと歌を詠んで暮らした西行は、『山家集』『西行物語』をはじめ数々の秀歌を残し、『新古今和歌集』には最多92本もの歌が入選。そこからも、その人物像がうかがえる。

叶わぬ恋に苦しんだ彼の行動とは……

では、彼が突然出家したのはなぜだろうか？　その理由として有力なのが、「失恋の痛手から逃れたかったのではないか」というものだ。

その恋の相手と噂されるのは、白河院の愛妾にして鳥羽院の中宮であった待賢門院璋子《たいけんもんいんたまこ》。彼女が入内《じゅだい》したのはちょうど西行が生まれた年で、歳の差は何と17歳！　そんな歳の差を乗り越えたふたりも、身分の差には勝てなかった。璋子は徳大寺家の出で、崇徳《すとく》天皇の母。一方、西行は徳大寺家の家人だった。実らぬ恋に苦しんだあげく、彼は出家の道を選んだのだ。

西行が恋した女性とはいったい、誰なのか？

西行の恋の相手について、『盛衰記』では「申すも恐れある上臈女房《じょうろうにょうぼう》」と記されていたことから、彼がかつて仕えていた鳥羽上皇の中宮・待賢門院《たいけんもんいん》が有力だと言われているが、その他にも鳥羽上皇の皇后であった美福《びふく》門院《もんいん》、待賢門院の娘・上西門院《じょうさいもんいん》の名が挙がっている。

学校では教えてくれない

本当の日本史

第二章
戦国

今明かされる「本能寺の変」の真相

織田《おだ》信長《のぶなが》暗殺は千利休《せんのりきゅう》が仕組んだ⁉

信長暗殺を企てた黒幕の正体

戦国時代最大の謎のひとつ、本能寺《ほんのうじ》の変は、幾人もの黒幕の存在が考えられてきた。その中には茶人・千利休《せんのりきゅう》の名も挙げられている。しかし茶人の彼が、なぜ織田信長《おだのぶなが》を殺害しなくてはならなかったのだろうか。利休が信長の殺害に至ったのには、堺商人の存在が大きく関わっている。もともと利休の生まれは商家で、彼は商人としての顔も持ち合わせていた。そして1565年、信長は会合衆《えごうしゅう》たちから2万貫もの矢銭を徴収し、絶対服従を強制。本格的に堺を統治しよう

千利休を描いた画。信長暗殺を企てたのは利休だったのだろうか

としていた。

利休は信長の茶頭を務めるなどしていたため厚遇されていたが、一方で信長が行なう比叡山《ひえいざん》の焼き討ち、一向一揆を起こす者に対する残虐行為は、利休そして堺商人を脅かすものであった。

恨みを買った織田信長の強行政策

信長の所業に怒りを覚えた彼らが「このまま信長を野放しにしておけば、いつか自分たちの町が滅ぼされるのではないか」という不安に駆られたであろうことは想像に難くない。その結果、信長暗殺計画は企てられたのである。

しかし何の武力も持たない利休が、どうやって信長を本能寺におびき寄せ、暗殺することができたのだろうか。そこには茶人、そして商人としての両方の顔を持ち合わせる、まさに当時の千利休にしか実行できない役目があったのである。

人の心理を利用した利休の策略

1582年、利休は上洛する予定だった信長を〝茶会〟という名目で本能寺へ招待した。その際、〝天下の三名器〟の中のひとつ「楢柴《ならしば》」を持つ商人も訪れることを知らせたのだ。茶道具コレクターである信長が「楢柴」と聞いて黙っているはずがない。利休に信頼を寄せていた信長に、疑念の生じる余地はなかった。

明智光秀は主君である信長を殺害する前々日に『時は今　天が下しる五月かな」という信長暗殺をうかがわせる句を詠んでいる。そこに同席していたのが、利休とも親しい仲にある堺商人の里村紹巴《さとむらじょうは》。利休は彼を通して、光秀を暗殺実行へと唆《そそのか》すことに成功する。さらにツメを誤らないよう、当日は紹巴に監視を務めさせたのだ。人の心理を巧みに操り、自分の手を汚さずに信長を殺害させた男——千利休こそが〝黒幕〟だったのかもしれない。

信長の運命を変えた 利休と紹巴《じょうは》の関係図

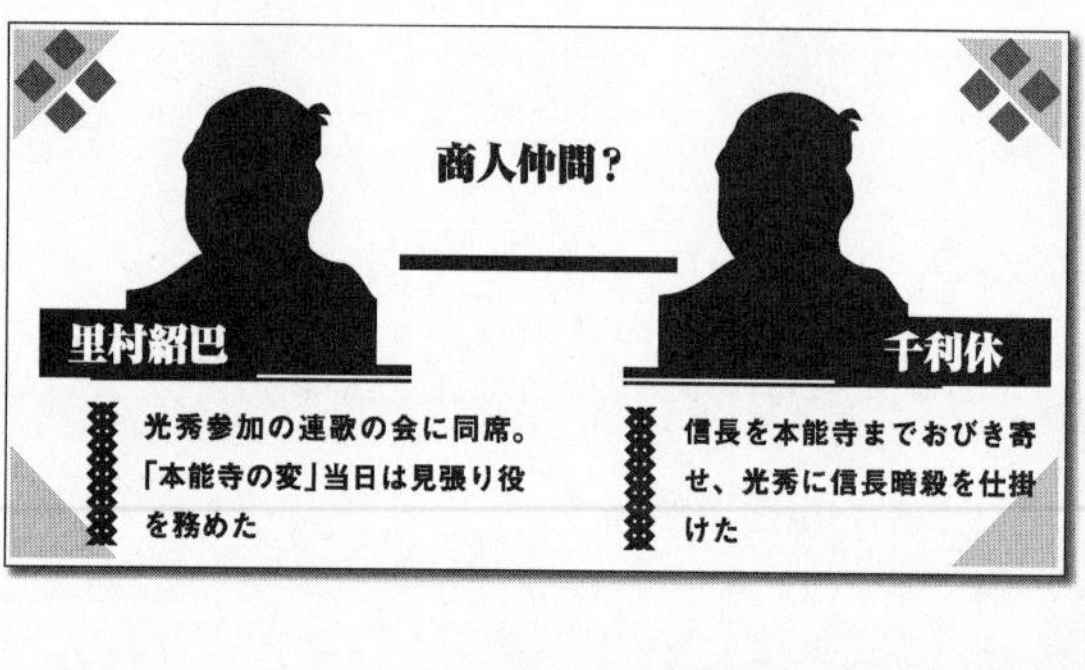
千利休
信長を本能寺までおびき寄せ、光秀に信長暗殺を仕掛けた
商人仲間？
里村紹巴
光秀参加の連歌の会に同席。「本能寺の変」当日は見張り役を務めた

山崎の合戦での死はウソ？

明智光秀《あけちみつひで》は生き延びて天海僧正《てんかいそうじょう》となった？

光秀は死んでいなかった？

明智光秀《あけちみつひで》は、本能寺の変で織田信長を討った後、山崎《やまざき》の合戦で羽柴秀吉《はしばひでよし》に敗れ、小栗栖《おぐりす》の地を敗走中に土民に竹槍で襲われたために死亡したと伝えられている。いわゆる光秀の「三日天下」である。

ところが、光秀は三日どころかその後も生き延び続けていたという説は今も根強く残っている。江戸期に書かれた随筆『翁草《おきなぐさ》』には、このとき殺されたのは光秀の影武者であり、本人はそのまま美濃《みの》の美山《みやま》に逃げ、75歳まで生きたという説が紹介されている。

光秀と天海をつなぐ疑惑の点と線

其ノ一

斎藤利三と共謀して本能寺の変を起こす

また、山崎の合戦から京都の妙心寺《みょうしんじ》へ逃げ延びた光秀が自決しようとしたところ、寺の和尚が思いとどまらせたという逸話も残されている。

徳川政権に君臨した天海

それでは、生き延びた光秀はその後、どうしていたのか。一説によると、徳川政権において政治・宗教の最高顧問を務めた天海僧正《てんかいそうじょう》こそ、かつての明智光秀その人なのではないかというのだ。

天海は、家康から家光までの徳川3代にわたって仕え、初期の幕府を支えた功労者だ。若くして比叡山へ入った天海は、1608年に家康と初めて出会い、彼の厚い信任を得る。家康の死後も秀忠《ひでただ》、家光《いえみつ》に対して圧倒的な影響力を誇り、日光東照宮《にっこうとうしょうぐう》の造営を主導。不思議な力を持ち、108歳まで生きたという。

そんな天海が、明智光秀と同一人物であると噂されるようになった根拠は、果たしてどこにあるのか。

其ノ二	其ノ三	其ノ四
粟田口に遺体がさらされ、位牌は慈眼寺に安置	利三の娘・春日局が粟田口の高札を見て大奥に	天海僧正に「慈眼」の諡号が贈られる

光秀＝天海を示す暗号

その手がかりは3代将軍・家光の乳母で、当時の江戸城内の権力を裏で掌握していた、あの春日局《かすがのつぼね》にある。

春日局の父親は、光秀とともに本能寺の変を起こした斎藤利三《さいとうとしみつ》。一説には斎藤利三の母親は光秀の妹だったとされる。いずれにしろ、春日局と光秀との間には、斎藤利三を介して浅からぬ関係があるのである。

また、春日局が家光の乳母になった経緯は、もともと京の粟田口《あわたぐち》で乳母募集の高札を見たからだ、とも。粟田口とは、光秀の遺体がはりつけにされたと伝えられる場所である。乳母募集の話は作り話だろうが、そこには何らかの因縁が感じられるではないか。

また、京都・慈眼寺《じげんじ》の釈迦堂には、光秀の木像と位牌が安置されているが、天海が亡くなったとき贈られた諡号《しごう》が何を隠そう「慈眼」。両者のただならぬ関係を、何者かが伝えようとしているかのようだ。

本能寺の変は家康との共謀？

こうした伝承が伝えられる背景には、光秀の出自が謎に包まれていることも関わっているだろう。

彼は1567年に、織田信長と足利義昭《あしかがよしあき》の仲を斡旋し、義昭を将軍職に擁立した功績で歴史上に初登場する。これがきっかけで光秀は信長の家臣となり、異例の速さで出世していくのだが、一方でそれ以前の経歴がまったくわかっていない。つまり40歳までの前半生がまるで不明なのだ。戦国時代には、武将でありながら僧侶になる者も少なくなかったから、光秀が仏門にゆかりのある人物だったとしても、おかしくはない。

いずれにしろ、光秀が天海となって家康の信任を得たとなると、本能寺の変の背景に、家康が大いに関わっていたのではないかという邪推も可能だ。信長に妻子を殺された家康には、十分な動機がある。光秀と家康の連携は、このとき生まれていたのかもしれない。

天海と春日局 人物相関図

〝化けて〟天下を掴んだ狸親父

徳川家康《とくがわいえやす》は2度も系図を書き換えた!?

したたかさは若いころから

その腹黒さとしたたかさから狸親父との異名を持つ徳川家康。表面上では〝化けて〟周囲の目を欺きつつ、内心では虎視眈々《こしたんたん》と逆転を狙う。そんな家康のイメージは老獪《ろうかい》さが身についた晩年からのものだと考えられているが、実は若いころにも自らの経歴を覆し、大きく〝化けた〟ことがあった。

家康は三河《みかわ》の土豪の生まれであり、祖先についてはいまいちはっきりしない。だが、彼は源氏の血筋でなければ就任できない征夷大将軍《せいいたいしょうぐん》に就任している。なぜ、

そんなことが可能だったのか？　それは家康が若いころに自分の系図を書き換えていたからだった！

官位を得るため、源氏の氏族に変身

1566年、三河統一を成し遂げた家康は織田信長との同盟を背景に、戦国大名への道を歩み出していた。その年の暮れに家康は従五位下《じゅうごいのげ》・三河守《みかわのかみ》への官位認定と、松平から徳川への改称を申請した。だが、正親町《おおぎまち》天皇は「先例がないため公家にはできない」とこれを拒否。そこで家康は浄土宗の僧侶を通じて、関白の近《この》衛《え》前久《さきひさ》に協力を仰ぐことに。

すると、近衛家の家来であった京都吉田社の神主が先例として利用できる古い記録を発見した。それは、源氏の新田《にった》氏系の得川《とくがわ》氏の流れで藤原《ふじわら》氏になった家があったということだった。神主がその場で書き写したものを、前久が清書し、朝廷に提出したところ天皇の許可が下ったという。

知っておきたい用語集

官位

戦国時代から江戸時代にかけて、武士が任官または自称した。朝廷が取り決めるもののほか家康の三河守のように、領国を支配して認定されるケースもある

征夷大将軍

鎌倉時代から江戸時代までは幕府の長という位置づけであり、天皇の勅令によって任命された。基本的には世襲制で、戦国時代は足利家が、江戸時代は徳川家が代々務めていた

まさか2度も書き換えたとは……

こうして家康は源氏の徳川家康となった。その後、関ヶ原の戦いにて勝利を収めた家康は、江戸幕府を開くに当たって征夷大将軍就任を申請するのだが、このとき彼はまたしても系図を書き換えている。

それまで家康は新田系の氏族を名乗っていたのだが、ここで吉良《きら》家から借りた系図を利用して足利《あしかが》系の氏族になるように書き換えている。どちらも源氏の氏族には変わりはないことからすると、単純に気に入らなかっただけだったのだろう。

しかし、1度目に書き換えた時点で征夷大将軍になることを見越していたとしたら、すごい自信である。同じく天下を統一した織田信長や豊臣秀吉は源氏の生まれではないために征夷大将軍にはなれなかった。家康は定められた運命に従わず、〝化ける〟ことによって成り上がり、江戸幕府を作り上げたのである。

最後に評価を落とした才女

激情の女・築山殿《つきやまどの》の家康暗殺計画!?

家康に愛された側室をムチで百叩き

徳川家康の正室である築山殿《つきやまどの》は、政略的な諍《いさか》いの中で非業の死を遂げたことから悲劇のヒロインとして語られることも多いが、実際は嫉妬深く、激しい気性の持ち主だったといわれている。

家康は好色家として知られており、築山殿のほかにも側室が何人もいた。自分より家康に愛される側室たちに対し、築山殿はジェラシーを抱いていたという。お万《まん》の方《かた》という側室が妊娠したとき、築山殿は怒り狂い、彼女を丸裸にして木に縛りつけ、ムチで打ちつけたというのだから、その嫉妬深さは本物である。

驚くべき御家転覆の策謀

また、築山殿は徳川家を転覆させる陰謀を企てていたともいわれている。その計画とは、家康を暗殺して実子である信康《のぶやす》に継がせるという大胆なものだった。信康の近臣の中にはその計画に同調する者も多く、暗殺後は武田勝頼《たけだかつより》と結託して、親家康派を征伐しようというところまで話が進んでいた。

だが、近臣の中から裏切り者が出たことにより計画は破綻。裏切り者は事の子細を信康の妻・徳姫《とくひめ》に伝え、それはさらに徳姫の父である織田信長にまで伝わってしまう。信長は直ちに徳川家の重臣・酒井忠次《さかいただつぐ》を呼び出し、築山殿と信康の抹殺を命令。1579年、築山殿は斬られ、信康は切腹を命じられてしまった。

家康に愛されなかった怨念を抱いて生きてきた築山殿。その人生は確かに悲劇と呼べるものかもしれない。

築山殿の血族

今川義元

築山殿の伯父。輿に乗って移動、公家のマネをしてお歯黒など情けない行動の数々により、ダメ当主呼ばわりされることも多いが、内政面などでは手腕を発揮していたとされる

江戸幕府を開いた武将の真の姿とは？

晩年の徳川家康は影武者だった!?

家康は関ヶ原の戦いで死んでいた!?

「徳川家康は関ヶ原の戦いで暗殺されており、以降家康として活躍していたのは家康の〝影武者〟だった」

この奇想天外な異説は有名だ。というのも、隆慶《りゅうけい》一郎《いちろう》の小説『影武者徳川家康』にて採られた説だから。後にマンガやドラマにもなったこの作品の影響から、「家康＝影武者」説は多くの人の知るところとなった。

隆氏によると、関ヶ原の戦い以降、家康とその息子・秀忠から同じ命令が発せられることが多々あったという。これは、家康と秀忠が対立していたためであ

諸説語られる
徳川家康の影武者説

其ノ一

桶狭間の戦いの数年後に不慮の死を遂げ、以降は影武者にすり替わる

り、その原因が「家康＝影武者」だったことにあるというのだ。また、家康が60歳をすぎてから多くの子を残している点も疑わしいという。

また、〝入れ替わり〟の時期は異なるものの、家康は影武者だったとする説はほかにも存在する。

「家康＝影武者」を提唱する諸説

ひとつは『駿府政事録《すんぷせいじろく》』に記載された「幼少のとき、又右衛門《またえもん》なる者に銭5貫をもって売られ、9歳の時から18～19歳まで駿府にいた」という家康のセリフに端を発する。つまり、「又右衛門なる者に銭五貫をもって売られ」た誰かが家康と入れ替わったと考えられるのだ。

もうひとつは、家康は大坂夏の陣で戦死し、その後1年間は小笠原秀政《おがさわらひでまさ》が家康を演じたというもの。根拠は、秀政が夏の陣で死んだとされたことにあるという。

〝家康〟は何人存在しているのか、謎は尽きない。

其ノ二

信長と戦うべく尾張へ侵攻中、阿部正豊に暗殺され、すり替わる

其の三

関ヶ原の戦いで暗殺され、以降は世良田次郎三郎とすり替わる

其ノ四

大坂夏の陣で戦死。その後1年間は小笠原秀政が家康を演じる

浮気はしたけどヤッてはいません!

武田《たけだ》信玄《しんげん》は愛人男性に浮気弁明文を送った!?

信玄が愛したのは名臣の高坂昌信!?

戦国時代の武将たちのほとんどは小姓《こしょう》といわれる幼い男子をそばにつけ、身の回りの世話などをさせていた。小姓は衆道《しゅどう》の相手となることも多く、有名どころだと織田信長×森蘭丸《もりらんまる》、上杉景勝《うえすぎかげかつ》×清野長範《きよのながのり》などの関係が挙げられる。

〝甲斐《かい》の虎〟の異名を持つ戦国大名・武田信玄もその例外ではなく、衆道の相手として春日源助《かすがげんすけ》という男がいた。この源助こそ、のちに武田四名臣に数えられた高坂昌信《こうさかまさのぶ》である。

弁明文、それはすなわちラブレター

だが、妻も多く元から浮気性だった信玄のこと。昌信以外の男性に手を出したこともあったようだ。

1546年、信玄26歳、昌信20歳のとき。信玄は弥七郎という男子に手を出したことがあった。それを知った昌信は大いに怒り、家に引きこもってしまった。慌てた信玄は昌信にある書状を渡した。その内容を抜粋すると以下のようになる。

「弥七郎にたびたび言い寄りましたが腹痛という理由で思い通りになりませんでした。でも、弥七郎を伽《とぎ》に寝させたことはありません。以前にもありませんでした。あなたと深い仲になりたいと手を尽くしてもかえって疑われそうなので、どうしてよいか迷っています。このことは神と菩薩に誓って偽りはありません」

これはまさに浮気の弁明文であり、目下の者に対して敬語で書いていることからラブレターとも言い換え

武田信玄を巡る　人物相関図

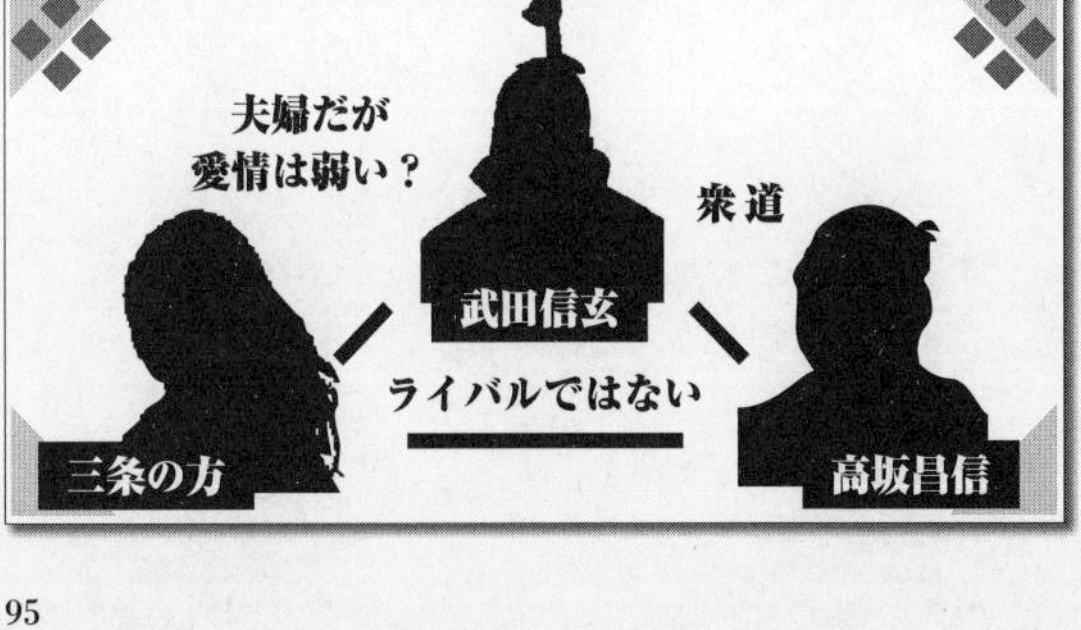

ることができる。この文面からは信玄の深い愛を読み取れるが、昌信の愛情も相当なものだったらしく、信玄が没したときには泣いて駄々をこねたという。

◆妻もいたけれど男のほうが好きかも

前述したように信玄は男だけでなく妻も多かったのだが、浮気騒動のときにそれらの女性に対してはどう対応していたのだろうか。

正室は結婚した翌年に亡くなったため、第1夫人となるのは継室《けいしつ》の三条《さんじょう》の方《かた》である。才色兼備の女性だったというが、信玄にとってこの女性は好き嫌いで計るような存在ではなかったようである。三条の方は足利将軍家とも親交がある三条家の娘であり、その姉は細《ほそ》川晴元《かわはるもと》の、妹は本願寺顕如《ほんがんじけんにょ》の正室であった。つまり、天下を狙うための外交ツールだったのである。そこに愛がなかったとは言い切れないが、信玄がおもに愛情を注いでいたのは男のほうだったのであろう。

イラスト／福田彰宏（戦国画）

戦国時代を代表するふたりの武将の意外な関係

徳川家康は武田信玄の隠し子だった!?

信玄と家康の因縁は親子の印？

徳川家康と武田信玄はかつて友好関係にあったが、信玄が京に上洛する際に遠江《とおとうみ》の三方ヶ原で激突。家康の部下は信玄の勢いを怖れて籠城を進言するも、家康は武田軍に正面から戦いを挑んで生涯唯一ともいえる大敗を喫した。また、後に家康は信長から駿河を与えられ、信長没後は、武田の旧領である信濃と甲斐を領土としている。

このようにふたりは浅からぬ関係にあるが、三河や遠江の一部地域では「家康は信玄の隠し子だった」と

伝えられているという。年齢的には22歳の差だから、親子でも不自然はない。信玄が徳川家を乗っ取るために子をすり替えたとする説を採れば、なり立ち得る関係なのだ。家康が祀られている日光東照宮には武田家の家紋である「花菱」が使われているが、これは家康が武田氏出身の者だという暗示なのかもしれない。

三方ヶ原の戦いは親子ゲンカ？

家康が三方ヶ原で実の親である信玄に激しく抵抗したのは、ふたりの間にも何らかの確執があったからだろう。冷静で部下の進言をよく聞く家康が、血気にはやって無謀な攻撃を仕かけたのがその証拠だ。

ふたりが親子ならば、信玄が家康を見逃したことにも納得がいく。我が子に情をかけたわけだ。また、家康が武田家に対し「保科正俊《ほしなまさとし》など武田遺臣を多く採用」「信玄の次女である見性院《けんしょういん》を保護」など手厚くもてなしているのも「ふたりが親子だった」からなのだ。

信玄と家康の親子関係を示す3つの証拠

其ノ一

三方ヶ原から敗走した家康を信玄がみすみす見逃していること

其ノ二

家康が武田遺臣を多数採用している上信玄の次女・見性院を保護していること

其ノ三

家康が祀られている日光東照宮に武田家の家紋「花菱」が使われていること

目を合わせたら戦闘開始！

直江兼続《なおえかねつぐ》と伊達政宗《だてまさむね》は犬猿の仲だった!?

戦国後期を代表するふたりの英傑

戦国時代後期に活躍した武将として知られる直江兼《なおえかね》続《つぐ》と伊達政宗《だてまさむね》。上杉家家臣として上杉景勝の側近を務めていた兼続は、徳川家康を激怒させた「直江状」の筆者としても有名で、真面目で義と愛に篤《あつ》い人物だった。対して政宗は伊達家から奥羽きっての戦国大名にのし上がった人物で、華美な様相を好む派手な男だったとして知られている。いかにも性格的には噛み合わなそうなこのふたり。やはりというか実はというか、仲の悪さを示すエピソードをいくつか残している。

実直な性格ゆえの非礼だったのか？

兼続が景勝の代理として大坂に上った際、大名が集まる間で政宗が大名たちに天正大判《てんしょうおおばん》を見せびらかしていた。やがて兼続のもとにもそれが回ってきたが、兼続はそれを素手で触らず、開いた扇子に乗せて眺めていた。それを見た政宗は兼続が遠慮しているのかと思い、「苦しゅうない、手に取られよ」と声をかけるが、兼続の口から返ってきたのはとんでもない言葉だった。「ご冗談を。不肖兼続の右手は先代謙信の代より上杉家の采配を預かる身。左様に不浄なものに触れるわけには参りません」。簡単にいえば「こんな汚いもの素手で触れるか」といったところか。そうして兼続はその大判を政宗の膝元に投げて返したという。

陪臣《ばいしん》の身で大名たちの集まりに参加している中で、この憮然とした態度である。真面目さの表れと考えれば理解できなくもないが…。

知っておきたい用語集

天正大判

1588年に豊臣家より発行された大判。純金44匁（約165グラム）で作られており、戦国後期には非常に珍しかった。江戸時代には慶長大判と並行して使われていた

陪臣

家臣の家臣。戦国時代は将軍の直接の家臣は直参、大名の家臣は陪臣と呼んでいた。大名より低い身分として扱われるのが普通で、兼続のようなケースは極めて珍しかった

いや、やはり政宗が嫌いなだけだった

後年、江戸城にて兼続と政宗がすれ違ったとき、兼続はそ知らぬ顔で挨拶もしなかった。身分は政宗のほうが上。さすがの政宗もこれには怒り、「陪臣の身で大名に会釈せぬとは無礼ではないか」と咎めると、兼続はこれまた冷静に「これはご無礼いたしました。これまで私は中納言殿とは戦場で相まみえる間柄だったゆえ、戦場から逃げていく後姿しか拝見したことがなく、お顔を存じ上げませんでした」と答えたという。

何という無礼な発言だろうか。大判のときはまだしも、この発言は明らかに政宗を嫌ってのものである。おそらく、派手好きな政宗が気に食わなかったのだと思われる。もちろん、こんな言葉をかけられた政宗は怒りを露わにしたが、何人もの家臣を束ねる当主であるがゆえ、行動に移さなかった。ただ、以前よりも兼続のことを嫌いになったのは間違いないだろう。

ふたりの正反対な性格を巡る
人物相関図

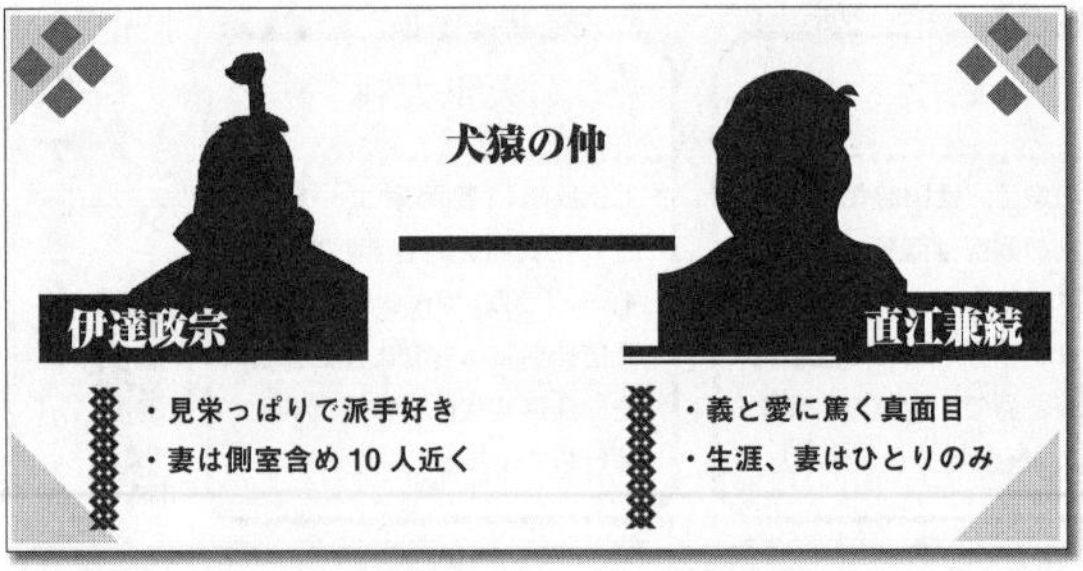

愛

天下の家康に歯向かった直江兼続

家康を激怒させた直江状は実在しない？

家康の上洛命令を拒否

直江兼続にはさまざまな逸話が残っているが、中でも国内の最大勢力だった徳川家康を激怒させた「直江状」のエピソードは、兼続を語る上で欠かせないものとなっている。

秀吉の死後、家康は親豊臣派を取り込むなどして影響力を強化していった。これに憤慨したのが上杉《うえすぎ》謙信《けんしん》の息子・景勝。彼は家康に対抗して軍備を増強し、これに伴い部下である兼続も家康に対抗する姿勢を見せるようになっていたのだ。兼続の動きを封じたい家康

は景勝らの行動を非難すると同時に上洛を求めるが、兼続は拒否。その後、家康は会津征伐を開始するのだが、そのきっかけとなったのが「直江状」である。兼続は家康に「武器を集めるのは茶碗を集めるようなもの」「上杉を疑う徳川にこそ企みがあるのでは」と挑発的な返答で切り返し、家康を大いに怒らせたという。

現存する「直江状」は後世の写し？

ただ、この書状は東京大学附属図書館に保存されているものの原本は残っていない。そのためこのできごとは実在しなかったのではとさえ疑われている。実際、兼続が活躍した戦国から江戸時代は偽書や怪文書が飛び交っており、信憑性に欠けるといわざるをえない。

だが、家康の家臣の日記にも上杉家から書簡が送られ、それに家康が激怒したことは事実として記されている。「直江状」自体の真偽は疑惑が残るが、兼続の度胸が並大抵でなかったことは確かなようだ。

直江状を巡る
人物相関図

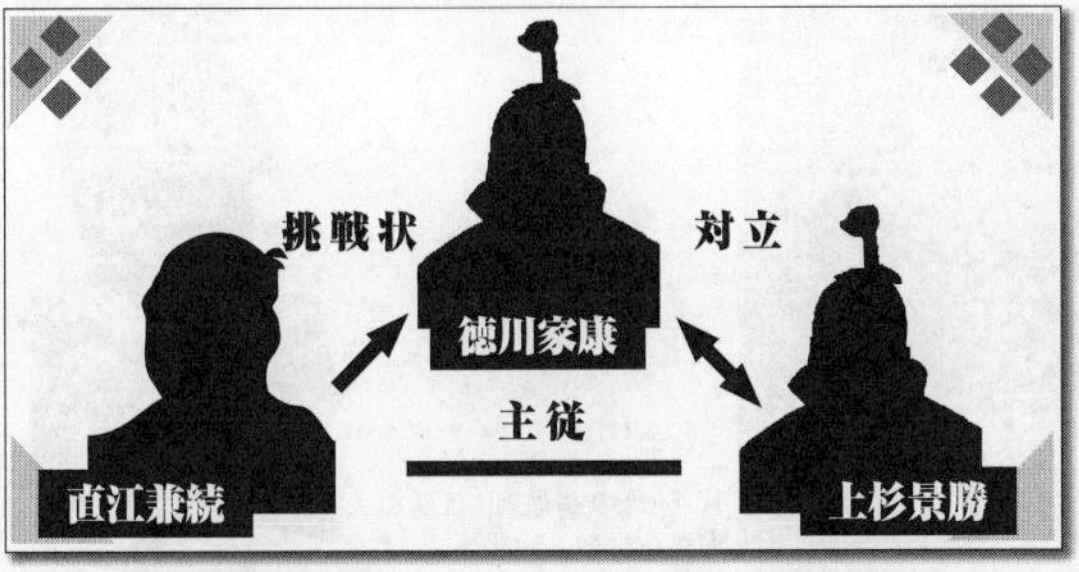

戦国時代最強と呼ばれた武将

戦国時代のヒーロー 上杉《うえすぎ》謙信《けんしん》は女性？

上杉謙信は男ではなかった！

「越後の虎」上杉謙信《うえすぎけんしん》。この英雄に近年、実は女だったのではないかという疑惑が浮上している。耳を疑いたくなるような話だが、その裏には彼が女であったということを裏づける、いくつもの歴史的根拠があった。

まず挙げられるのが謙信の死因だ。「越後景虎、大虫よって卒す」という記録が残っているが、〝大虫〟とは婦人病のこと。亡くなった49歳という年齢も、婦人病の死亡率が高い年齢と一致するのである。

さらに彼は、毎月10日頃になると戦いをストップさ

代々伝わる肖像画には髭が描かれているが……

せることが多かった。これは月経日と重なっていたためと考えられる。実際に合戦中にもかかわらず「腹痛」と称して引きこもったという記録もあるのだ。

上杉謙信を祀る山形県米沢市の上杉神社《うえすぎじんじゃ》にも、謙信が女性であったと思わせるものが残されている。ここには謙信の衣服が保管されているのだが、ハデな色のものや、パッチワークで仕上げているものが非常に目立つ。現代の感覚から考えれば、武将がそのような女性らしいものを好むとは思えないのだが……。

謙信の肖像画には髭が描かれているではないかと思う向きもあるかもしれない。しかし、肖像画の多くが謙信の死後に描かれたものだとすればどうだろう。さらに、林泉寺《りんせんじ》に保管されている当時の謙信を描いた肖像画や「洛中洛外図屏風《らくちゅうらくがいずびょうぶ》」に描かれた謙信に髭は描かれていない。肖像画の髭は、謙信を男と見せかけるために、後から故意に足されたものだったのではないか。

それでは、謙信はなぜ女であることを隠されなければならなかったのか。それは戦国時代ではなく、後の

上杉謙信の歴史年表

年代	出来事
一五三〇	春日山城で生まれる
一五四三	三条城、栃尾城に移り城主に
一五四四	初陣にして勝利を飾る
一五五一	長尾政景父子を降伏させ、越後国を平定
一五五三	武田信玄軍と対決（第1次川中島の戦い）
一五六一	憲政から上杉姓と関東管領職を譲られる 第4次川中島の戦いで信玄の弟と山本勘助が戦死
一五六四	第5次川中島の戦い
一五七三	上野国に侵攻してきた北条氏政と対立
一五七六	武田勝頼と和解。反信長体制となる
一五七七	越中国、そして能登国を平定
一五七八	病死

江戸時代の時代背景に隠されていた。

謙信を男と偽った理由とは？

戦国時代は女性による家督相続が認められており、女性城主も珍しくなかった。しかし、徳川家による江戸幕藩体制に入ると状況は一転。武家諸法度が成立し、女性城主は一切認められなくなったのである。徳川家は不備のある外様大名を減封処分にするなど散々な処置をとっていった。上杉家も外様大名であるため、立場は大変に弱い。ここでもしかつて城主だった謙信が女性だったとなれば、「謙信の代で上杉家は滅びていた」といい掛かりをつけられ、家を〝断絶〟させられる恐れがあったのだ。そのため、上杉家は女性だった謙信を男性に見せかける必要があったのである。

戦国時代の英雄として語り継がれる上杉謙信。私たちが今まで思い描いていた謙信像が、実はまったくの虚像だった可能性は少なくない。

上杉神社内の
上杉謙信像

両雄の一騎討ちはどんな形で行なわれた？

信玄VS謙信 一騎討ちの謎

一騎討ちはどのように行なわれた？

「川中島《かわなかじま》の戦い」といえば、武田信玄と上杉謙信の一騎討ちが想起される。北信濃《きたしなの》の支配権を巡って繰り広げられた戦いは、11年にわたり5度も相見《あいまみ》え、中でも1561年の第4次が最大の激戦だったといわれる。そして、両雄の一騎討ちもこのとき起こった。

では、その一騎討ちはどのようなものだったのか。

たとえば、『甲陽軍鑑《こうようぐんかん》』では「馬上から切りつける謙信の太刀を、信玄は床几《しょうぎ》から立って軍配団扇で受けとめた」と記されているが、『川中島五戦記』では「川の

川中島合戦は5度も行なわれた

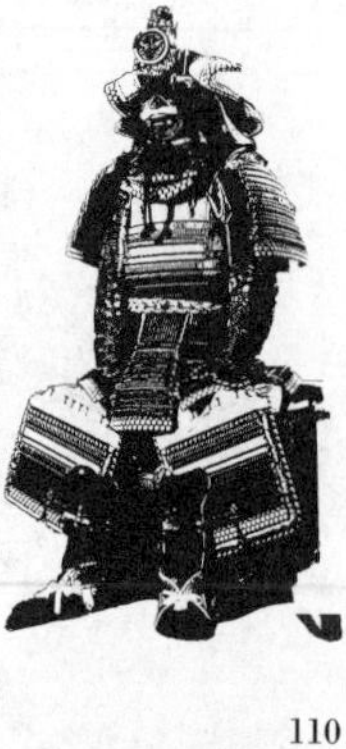

中での太刀と太刀との一騎討ち」だったとされている。また『甲越信戦録』にいたっては「謙信はただ一騎で信玄の床几の元へ乗りつけ、三尺一寸の太刀で切りつける。信玄は床几に腰を掛けたまま軍配団扇で受け止めた」とある。要はてんでバラバラなのだ。

一騎討ちは存在しなかったのか

ここでひとつの疑問が持ち上がる。果たして両雄の一騎討ちは本当に存在したのだろうか？

武田氏の軍記『甲陽軍艦』には前述の通り、一騎討ちが描かれている。ところが上杉家の史書『上杉年譜』には「信玄に傷を負わせたのは、謙信の家来・荒川伊《あらかわい》豆守《ずのかみ》だ」と記されているのだ。信玄から見れば、謙信の家来ではなく、謙信本人にやられたとするほうが面目が立つ。そこで「一騎討ち」をでっち上げたのではないだろうか。確たる証拠こそないが、ふたりの一騎討ちはなかったと考えるのが妥当かもしれない。

川中島の戦い勢力図

武田軍

武田信玄	内藤昌豊
武田信繁	高坂昌信
武田義信	諸角虎定
武田信廉	原昌胤
穴山信君	跡部勝資
飯富昌景	浅利信種

VS

上杉軍

上杉謙信	安田能元
柿崎景家	長尾政景
本庄実乃	斎藤朝信
色部勝長	加地春綱
新発田治時	中条藤資
山吉豊守	村上義清

幻の軍師に実在説が急浮上

知将・山本勘助《やまもとかんすけ》は実在したのか？

『甲陽軍鑑』が生んだ幻の軍師

隻眼《せきがん》の醜男《ぶおとこ》でありながら、武田信玄の下で軍略や築城術において人並みはずれた才を発揮した名軍師・山本勘助。２００７年の大河ドラマ『風林火山』の主役だったこともあり、人々の認知度も高い。

ところがこの勘助、長らく創作上の人物として、実在が疑問視されてきた。というのも、勘助の存在が歴史書に記録されているのは、武田氏の合戦や軍法を記録した『甲陽軍鑑』という軍学書のみ。しかもこの書物は、内容のほとんどが後世の創作であることが判明

し、その史料価値はきわめて低いとされてしまったのである。当然、勘助もまた架空の存在であるということが、歴史家の間では暗黙の了解になっていた。

実在を示す文書を発見！

ところが1969年、北海道の民家から武田信玄の書状が発見され、その中に書状の伝令役として「山本菅助」という人物名が明記されていたのである。伝令役とは決して下っ端の使者ではなく、トップシークレットを相手に直接伝える重職であった。

また、2007年には信玄が長谷《はせ》の名家・黒河内家に宛てた文書が発見され、その中にも「山本勘助を大将にして、城攻めの準備をせよ」という伝令が残されている。仮に実在しても一兵卒にすぎなかったのではないかと思われていた勘助だったが、やはり武田軍の重要なポストに「山本勘助」という人物は実在していたことになるのである。

でっちあげ説から一転！　勘助が実在を認められるまで

其の一
明治時代……それまで軍学書の聖典だった『甲陽軍鑑』の史料価値が否定され、勘助の実在も絶望視される

▶

其の二
一九六九年……北海道の市川良一氏宅から市河藤若に宛てた信玄の文書が発見、伝令役に「山本菅助」の銘あり

▶

其の三
二〇〇七年……長谷の黒河内八郎衛門に宛てた信玄の文書が発見、「山本勘助」が大将クラスの人物と判明する

桶狭間の戦いこそ天下分け目の決戦なり！

信長は今川義元《いまがわよしもと》に負け戦覚悟だった!?

戦国屈指の英傑だった今川義元

今川義元《いまがわよしもと》といえば「公家かぶれ」「胴長短足すぎて馬に乗れない」など悪評がついて回る武将だが、当時の大名の中では一、二を争う戦力を誇る、天下人にもっとも近い存在だったという。

義元がどれほどの人物だったかは、内政・外交手腕を見れば英傑ぶりがよくわかる。内政面では、今川家に伝わる『今川仮名目録』という家法に追加した21カ条が、後に諸大名や家臣が守るべき規範のひとつとなるほど優れたものだったそうだ。

外交面では、武田家や北条家《ほうじょう》と同盟を結んだことからそのすごさが浮き彫りになる。甲斐《かい》の虎・武田信玄はいうに及ばず、相模の虎の異名を持つ北条氏康《ほうじょううじやす》も戦国時代にその名を残すひと角の人物である。こうした傑物たちと肩を並べられたということは、武将としての義元が優れていた証拠といえるだろう。

神に祈るしかなかった信長

後に天下を取らんとする織田信長が尾張《おわり》を統一したのは1559年のことだが、これを知った今川義元はためらうことなく尾張へと進軍する。

それもそのはず、両者の戦力にはあまりに大きな開きがあったのだ。信長から見れば兵力差は1対10ほど。実に10倍もの戦力を誇る相手に、信長は立ち向かうことを余儀なくされたのである。義元からすれば、織田信長を倒すことなど、赤子の手をひねるようなものだったのだろう。そこに英傑の油断があった。

今川義元の歴史年表

年代	出来事
一五一九	今川氏親の5男として誕生
一五三六	異母兄・玄広恵探との家督争いに勝利。第9代当主・駿河守護となる
一五三七	武田信虎の娘（定恵院）を正室に迎え甲駿同盟を締結
一五四二	第1次小豆坂の戦いで織田信秀に敗北
一五四八	第2次小豆坂の戦いで織田軍に大勝。織田家の勢力を三河から駆逐
一五五三	今川仮名目録に追加法を加える
一五五四	武田氏・北条氏と互いに婚姻関係を結び甲相駿三国同盟を結成
一五六〇	桶狭間の戦いで織田信長に敗れ戦死

信長にとっても、これは敗北必至の戦だった。現に織田軍は城砦を次々と陥落させられ、後がない信長は熱田神宮《あつたじんぐう》に参拝。神頼み以外に術《すべ》がなかったのだ。

一瞬の油断が招いた予想外の敗北

ところが、義元が思いも寄らない隙を見せる。圧倒的優勢に気をよくした彼は、桶狭間近くで酒宴を開いたのだ。神頼みの甲斐あってか、この情報をいち早くキャッチした信長はすぐさまその足で進軍を開始。不意を突かれた義元はなす術なく討ち取られた。

総大将を失った今川軍は敗走。以後、衰退の一途を辿る。この一件のせいで今川義元は愚か者だとされる向きもあるが、それは極論というもの。

本来であれば、信長はここで天下の夢を絶たれていた可能性が高いのだ。義元が致命的なミスをしでかした「桶狭間の戦い」が少し違った方向に転べば、その後の歴史もガラリと変わっていたはずだ。

チャートでわかる
桶狭間の戦い・全貌

其ノ一	其ノ二	其ノ三
今川義元が2万の軍を率いて尾張へ侵攻開始	今川軍が前哨戦勝利。信長は熱田神宮に戦勝祈願	休息中の義元を信長が急襲。今川軍は敗走

歴史的逆転劇が起こった合戦の真実

桶狭間の戦いは合戦場がふたつ!?

愛知県内にふたつある桶狭間古戦場

1560年5月19日、2万5千の大軍を率いる今川義元は、わずか2千の織田勢に討たれ敗走する。この今川家滅亡のきっかけを作った戦いが、世にいう「桶《おけ》狭《はざ》間《ま》の戦い」である。

桶狭間の古戦場といわれる場所は、現在の愛知県豊《とよ》明市栄町《あけしさかえまち》南館という場所にあり石碑も建てられている。しかし驚くなかれ、実はもう一カ所、桶狭間古戦場とされる場所が存在する。

その場所は同じ愛知県の名古屋市緑《みどり》区《く》の桶狭間古戦

桶狭間古戦場伝説地の愛知県豊明《とよあけ》市栄町南館

場公園で、こちらも同じく石碑が立っている。

隣り合わせでもないこのふたつの場所、いったいどちらが本当の古戦場だというのだろうか？

不意打ちされて分裂した今川軍

結論からいうと、ふたつとも桶狭間の古戦場だったようだ。その理由は、合戦当日の今川軍の行動から見てとれる。沓掛《くつかけ》城を出発した今川軍は大高《おおたか》城を目指して地方道を進んでいた。ところが、途中の沓掛と大高のちょうど真ん中にある桶狭間山で昼食休憩をとっていたとき、織田軍からの奇襲を受けたのである。

不意をつかれた今川軍のうち、ある者はきた道を戻って沓掛城のほうへ、ある者はこれから行くはずだった大高城へ逃げた。つまり今川軍はふたつのグループに分かれ、それぞれ織田勢を追撃したのだ。事実、一度も本家争いが起きていないのも当然だ。ふたつとも本物の桶狭間の古戦場なのだから。

桶狭間の戦い　勢力図

織田軍	
織田信長	佐久間信盛
織田秀敏	飯尾定宗
池田恒興	金森長近
林秀貞	長谷川橋介
森可成	水野忠光
柴田勝家	佐久間信辰

VS

今川軍	
今川義元	山口教継
松平元康	松井宗信
朝比奈泰朝	井伊直盛
瀬名氏俊	由比正信
岡部元信	久野元宗
葛山信貞	

織田信長の存在を知らしめた奇策の信憑性を問う

長篠の戦いで見せた鉄砲三段撃ちはウソ!?

「三段撃ち」は江戸時代の創作物？

「織田信長」「長篠の戦い」とくれば、出てくるキーワードはひとつ、「鉄砲三段撃ち」しかない。だがこの鉄砲三段撃ちという戦術、「実は存在しなかったのでは？」という疑問が沸き上がっているのだ。

そもそも「鉄砲三段撃ち」なる戦術は、信長の家臣・太田牛一が記した一代記『信長公記』にも登場しないシロモノ。その記述が初めて登場するのは、江戸時代に出版された通俗小説だ。さらにこれが一般に広まったのは明治期に入ってから。陸軍がこの記述を〝史実〟

として教科書に載せたことがきっかけだったという。つまり、江戸時代に作られた創作である可能性が高いというわけだ。では実際の「長篠の戦い」で、信長の鉄砲隊はどのような戦術を採ったのだろうか。

やっぱり強かった織田鉄砲隊

『信長公記』によると、武田軍から攻め立てられた織田軍の足軽は、身を隠したままでひたすら鉄砲を撃ちまくり、誰ひとりとして前に出ることなく戦ったという。何とも臆病な戦法だが、意外にもこれが奏功。二番手、三番手と新軍が次々送られてくるものの、これを見事に撃退していったという。この撃退劇の様子は『信長公記』にも描かれており、「武田騎馬隊が押し寄せたとき、鉄砲の一斉射撃で大半が打ち倒されて、あっという間に敵がいなくなった」という。

「鉄砲三段撃ち」はウソかもしれないが、織田鉄砲隊がとてつもなく強かったのは紛れもない真実のようだ。

こりゃすげえ！　よみがえる信長伝説

其の一
家督争いのため23歳にして実弟を暗殺！

其ノ二
いち早く鉄砲を採用し長篠の戦いで武田勝頼を破る

其ノ三
比叡山を焼き討ちに。長島一向一揆に対しては降伏も許さず殲滅！

長政への愛は偽りだった⁉

スパイとして暗躍した信長の妹・お市《いち》の方《かた》

悲劇を生み出した原因はお市⁉

織田家と浅井《あざい》家の同盟を締結するために結ばれた、織田信長の妹・お市の方と浅井長政《あざいながまさ》。ふたりは政略結婚ながら仲睦まじい夫婦生活を送っていたことで知られている。だが、1573年、長政は義兄の信長に攻められ、自害するという非業の最期を遂げた。信長と敵対していた朝倉《あさくら》家と浅井家が同盟を組んでいたために起きた悲劇であるが、この長政の死はお市の方がもたらしたという説がある。それはお市の方が信長から送り込まれたスパイだったという考えに付随する。

したたかなスパイ大作戦

信長はお市の方を嫁がせるときに、朝倉家には手出ししないことを浅井家と約束していたが、1570年、朝倉討伐のために進軍を開始。長政は板挟みの状況に陥るが、悩んだ挙句、朝倉の味方をすることに決め、背後から織田軍を急襲するために動き出す。

ここで動いたのがお市の方である。浅井・朝倉軍の織田軍挟撃作戦を知った彼女は、両端を縛った小豆袋を送ることでこれを信長に知らせたのだった。信長を袋の中の小豆にたとえ、両端を結ぶことで挟み撃ちを表現したのだ。それを見た信長はお市の意を察して、すぐさま京都に逃げ込んだ。人知れず情報を集め、意図だけを的確に伝える、まさにスパイの所業である。

このお市の働きがなければ、織田家はここで潰《つい》えていた可能性が高い。長政との円満な夫婦生活もスパイとしての自分を隠すためだったのかもしれない……。

お市の方を巡る　人物相関図

本能寺の変は女の呪いが発端だった!?

織田《おだ》信長《のぶなが》を裏切り呪い殺したおつやの方《かた》

城主を務めた信長の叔母

1571年、美濃《みの》岩村《いわむら》城主であった遠山景任《とおやまかげとう》が、子供もないまま病死したため、織田信長の五男・坊丸《ぼうまる》を養嗣子にした景任の妻・おつやの方が城主となった。薙刀《なぎなた》隊を率いた立花誾千代《たちばなぎんちよ》など女性でありながら城主を務めた例はほかにもあるが、このおつやの方も例に漏れず、気丈でしっかりした性格だったという。その性格を表した強烈なエピソードがある。

おつやの方は信長の叔母にあたるため、景任の死で遠山氏の手を離れた岩村城を織田領の城として治めるようになる。1572年、岩村城は武田家家臣・秋山《あきやま》信友《のぶとも》に攻められるが、おつやの方は守りを固めてこれを死守。戦いは長期戦になるかと思われた矢先、信友は驚くべき方法で和議を申し出る。何と和議の条件におつやの方との婚姻を提示したのである。

信長の死の原因になった!?

おつやの方は申し出を受け、岩村城は武田家のものとなったが、これに激しい怒りを示したのが信長。領民を守るためとはいえ、敵方の男に体を許して負けを認めるとは何事かという具合である。

1575年、信長は岩村城を奪還。秋山信友以下の将を皆殺しにし、おつやの方も逆磔刑《さかさはりつけ》に処した。おつやの方は「信長も必ずあっけない死に方をさせてやる」と泣き果てたという。その7年後、信長は本能寺の変にて死亡。もしかすると、おつやの方の呪いが効いていたのかもしれない……。

おつやの方を巡る 人物相関図

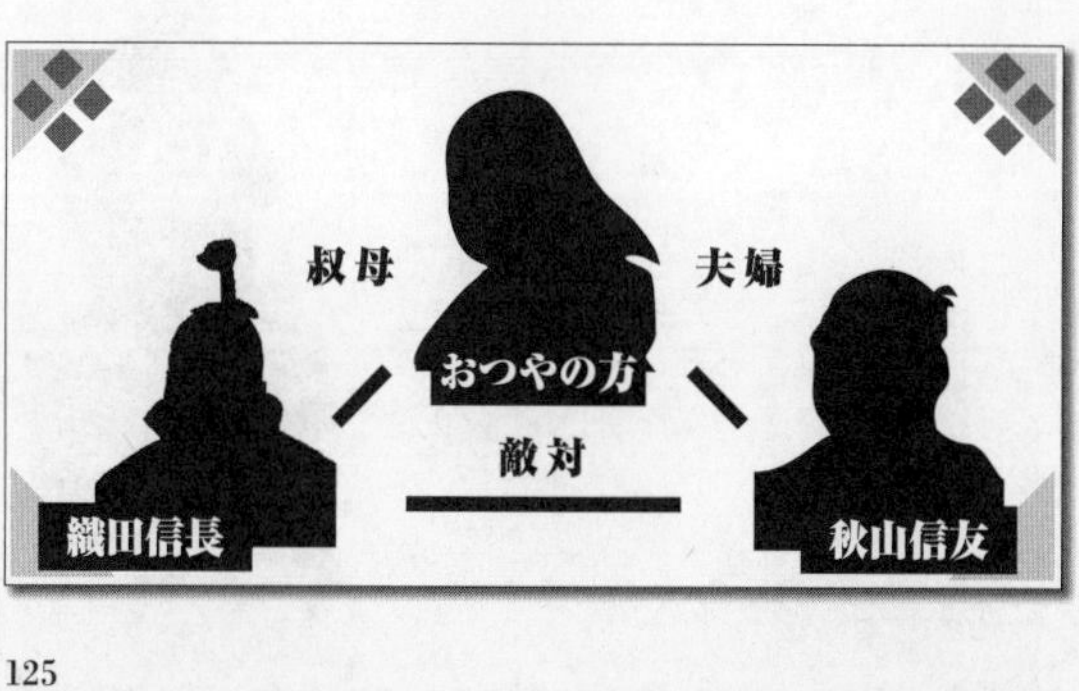

太閤秀吉に嘘をつき続けていた⁉

豊臣家を乗っ取った淀殿《よどどの》の本当の姿

秀吉を惑わしたその美貌

300人いたといわれる豊臣秀吉《とよとみひでよし》の側室の中でもっとも愛されていたのが淀殿《よどどの》である。なかなか子供ができず、困り果てていた秀吉との間にふたりの子供を授かり、うちひとりは豊臣家の後継・秀頼《ひでより》として立派に育て上げた。また、彼女は絶世の美女・お市《いち》の方《かた》の娘として類稀なる美貌を持っていたことでも知られており、その点も好色な秀吉にはたまらなかったようだ。

だが、この淀殿が豊臣家を滅ぼす原因を作った悪女だと、たびたび批判されることがある。

秀頼は秀吉の子じゃなかった!?

淀殿が悪女と称される理由のひとつとして、秀頼の父親は秀吉ではなかったという説がある。淀殿が懐妊したとき、秀吉は50を超える高齢で、肉体的に厳しかったのは間違いない。さらに秀頼は長身の美男子という秀吉には似ても似つかない風貌だった。そのため、石《いし》田《だ》三成《みつなり》や大野《おおの》治長《はるなが》などがほかの父親候補として浮上している。もし秀頼の父親が秀吉でなかったとすれば、淀殿は秀吉を騙していたことになる。美貌にホレた秀吉だけに淀殿がいうことなら信じてしまうだろう。

秀吉の死後、淀殿は豊臣家を完全に掌握するようになる。大坂の陣の前には戦を回避しようと働きかけていた片桐且元《かたぎりかつもと》や織田《おだ》有楽斎《うらくさい》を追放し、さらに徳川方が提示した和睦案を蹴るという大胆な行動も見せた。家臣団を騙し、豊臣家世継ぎの母として権力を行使する……それが本当なら、大したワルである。

淀殿のトリビア

遊女呼ばわりされていた!?

以前、淀殿は「淀君」と呼ばれていたが、それは「君」が遊女を指す呼び名で江戸時代に広がったもの。当時は豊臣家を滅亡させた悪女として蔑まれていたのだと考えられている

本当は豊臣家に尽くした才女？

だが、この定説には近年疑問が唱えられている。最新の研究によれば、大坂の陣の際、淀殿は自身が人質となって和睦交渉を受け入れることを認めていたが、秀頼が嫌がったため断ったのだという。

また、淀殿を悪女とする噂話はそれぞれ江戸時代に生まれていたというのも考慮すべき点である。徳川全盛の時代、江戸の民の間では豊臣家を〝悪〟とする傾向が強まっており、石田三成をはじめとし、何人もの豊臣方の人々が極悪人扱いされていた。淀殿もそのひとりであり、秀吉を誘惑して家を乗っ取り、悪政によって滅ぼしたと噂されたのだ。

淀殿の存在が豊臣家にとってマイナスになっていなかったとはいい切れないが、後に徳川秀忠《とくがわひでただ》の夫人となるお江与《えよ》の方を養育したことや、侍女に慕われた指導力は評価されてもいいところであろう。

戦乱を逃げ延びた豊臣家、最後の戦い

天草四郎《あまくさしろう》の父は豊臣秀頼《とよとみひでより》だった!?

死んでいなかった豊臣秀頼

1615年、大坂夏の陣で淀殿《よどどの》とともに自刃したとされる、豊臣秀吉の息子・秀頼《ひでより》。しかし大坂城の落城直後から、「秀頼は生き延びているのでは」とする噂がまことしやかにささやかれていたという。

その理由は、死亡の瞬間を目撃した者が皆無で、死体も発見されなかったことにある。そのため、秀頼はこのとき死んでおらず、大坂城を抜け出して九州・薩《さっ》摩《ま》へ逃れたのではないか……と考えられたのだ。

この噂を裏づけるように、大坂城落城後に上方では

豊臣家と徳川家 本当の最終決戦

其の一

大坂夏の陣から豊臣秀頼が逃げ落ちる

「花のような秀頼様を、鬼のようなる真田が連れて、退きも退いたよ鹿児島へ」という内容の童歌が流行している。さらに、ジャン・クラッセ『日本西教史』には「母妻をともなって辺境の大名領地に落ち延びた」、リチャード・コックス日記には「薩摩・琉球に逃げた」とあるなど、当時から秀吉恩顧の武将により密かに救出され落ち延びたと考えられていた様子がうかがえる。また、九州各地に秀頼の墓、秀頼ゆかりの地、秀頼の伝承などが数多く残されていることからも、秀頼が生き延びて九州へ逃れた可能性が浮かび上がってくる。

秀頼の息子は天草四郎時貞だった!?

「秀頼生存説」には続きがある。日本史上最大級の一揆、島原《しまばら》の乱で知られる天草四郎時貞《あまくさしろうときさだ》が、九州へ落ち延びた豊臣秀頼の遺児だというのだ！　鹿児島では、天草四郎に「豊臣秀綱《ひでつな》」という名前があったと伝えられており、それを記す寺院の古文書も存在したとか。

其ノ二
秀頼、九州で隠遁生活を送り、子をもうける

◀

其ノ三
秀頼の子、成長して天草四郎を名乗る

◀

其ノ四
島原の乱にて天草四郎死去。豊臣家滅亡

豊臣秀頼が天草四郎の父とされる最大の根拠は、戦において大将の所在を示すために立てる「馬印」と呼ばれる〝のぼり〟だ。

秀頼の父・豊臣秀吉の馬印が〝千成瓢箪《せんなりびょうたん》〟であることは有名だが、天草四郎もこれと同じ馬印を使っていたという。秀吉と同じ馬印を使うなど、そう簡単にできるものではない。このことから、天草四郎が豊臣家ゆかりの人物だとする説が支持されているわけだ。

そう考えると、宗教戦争ととらえられがちな島原の乱にも、別の意味合いが出てくる。

島原の乱は「豊臣VS徳川」だった

島原の乱を鎮圧したのは幕府軍だが、筆頭老中・松《まつ》平信綱《だいらのぶつな》という大物までもが登場している。地方の一反乱を治めるにしてはあまりに仰々しい。だが、天草四郎が豊臣家の末裔《まつえい》だとすればこの大げささも理解できる。島原の乱は、最後の「豊臣VS徳川」だったのだ。

養源院所蔵の豊臣秀頼像

長崎県天草市にある天草四郎像

敗軍の将に余生があった？

石田三成《いしだみつなり》は関ヶ原後も生き延びていた？

各地に残る三成生存説

関ヶ原の戦いに敗れた西軍の総大将・石田三成は、京都の六条河原《ろくじょうかわら》で斬首されたとされている。

ところが、このとき処刑されたのは影武者であり、本当の三成は佐竹義宣《さたけよしのぶ》にかくまわれて秋田に逃れていたという説がある。三成は、八幡村《やはたむら》にある帰命寺《きみょうじ》という寺に「知恩院《ちおんいん》から招いた名僧」として住まい、彼を慕う石田軍の残党がひっそりとかの寺を訪れ続けていたとか。その話は自然と幕府の耳にも及び、佐竹家は噂をかき消すために、帰命寺の主僧は入寂《にゅうじゃく》した（亡くなった）と吹聴するのに努めたそうだ。

　また別の説では、徳川家康の密命によって榊原康政《さかきばらやすまさ》の館林城《たてばやしじょう》にかくまわれていたとの語り伝えもある。

判官びいきは日本人の特質？

　さらに、三成自身は処刑されたが、その遺児が各地で生存していたという伝承も諸説ある。たとえば、三成の次男・重成《しげなり》は、関ヶ原敗戦後に大坂城を脱して生き延び、杉山源吾《すぎやまげんご》と改名して津軽《つがる》家に庇護されていた。

　また、重成とは別に次女の存在も伝えられており、彼女の孫娘（三成の曾孫にあたる）お振《ふり》の方は徳川3代将軍・家光の側室となったとも。お振の方は家光との間に女児・千代姫《ちよひめ》をもうけ、三成のDNAは徳川家に入ったとされている。

　かように三成生存説などが都市伝説のように唱え続けられるのは、敗者に同情する日本人の「判官びいき」の心情によるところが大きいと考えられる。

石田三成の生涯年表

年代	出来事
一五六〇	近江国に生まれる
一五七四	この頃、秀吉に見出されて家臣となる？
一五八二	山崎の戦いに従う
一五八三	賤ヶ岳の戦いに参加して先駆衆として功名、近江水口4万石の城主に
一五八五	従五位下治部少輔に叙任される 秀吉と上杉景勝の会盟に立ち会う
一五八六	堺奉行となる
一五八七	博多町奉行となる
一五九〇	忍城攻めで三成の水攻めが行なわれる
一五九三	碧蹄館で朝鮮軍に勝利
一五九六	秀吉が再度の朝鮮出兵を行なう
一五九八	秀吉が死去
一五九九	加藤清正らの襲撃を受け、佐和山に隠遁
一六〇〇	関ヶ原の戦いに敗れ、六条河原で処刑される

空前絶後の残酷な処刑法が選ばれたワケとは？

盗賊・石川《いしかわ》五右衛門《ごえもん》は秀吉暗殺を計画した!?

謎に包まれた大泥棒の正体

浄瑠璃《じょうるり》や歌舞伎の演題として取り上げられ、伝説の大泥棒と語り継がれる石川五右衛門《いしかわごえもん》。彼が〝釜茹での刑〟に処された話はあまりにも有名である。

五右衛門が活躍したのは豊臣秀吉の時代とされているが、彼について記された史料は少なく、詳細は明らかでない。だが、スペインの貿易商アビラ・ヒロンの『日本王国記』や儒学者・林羅山《はやしらざん》が編纂した『豊臣秀吉譜』には五右衛門の処刑される模様が綴られている。五右衛門が実在し、釜茹でにされて殺されたことは事実の

石川五右衛門の姿を描いた浮世絵

ようだ。だが、いくら盗賊だったとはいえ斬首ではなく〝釜茹での刑〟とは刑が重すぎないだろうか。そこで問われるのが五右衛門の正体である。

実は五右衛門、盗賊以外にも暗殺者という顔を持っていた。そしてあろうことか、太閤・秀吉の命を狙っていたというのだ！

五右衛門は秀吉の首を狙っていた!?

江戸時代後期の『丹後旧事記《たんごくじき》』によると、五右衛門の父・石川秀門は城主だったが、秀吉の命を受けた細川幽斎によって落城してしまったという。その父の恨みを晴らすため、五右衛門は秀吉暗殺の機会を狙っていたが、事前にその情報が漏れてしまい処刑された……というのである。

もし罪状が数々の盗難と天下人の暗殺未遂であるならば、五右衛門がこれほどまでにむごい処刑を受けたとしても仕方がないのかもしれない。

秀吉暗殺?を巡る
人物相関図

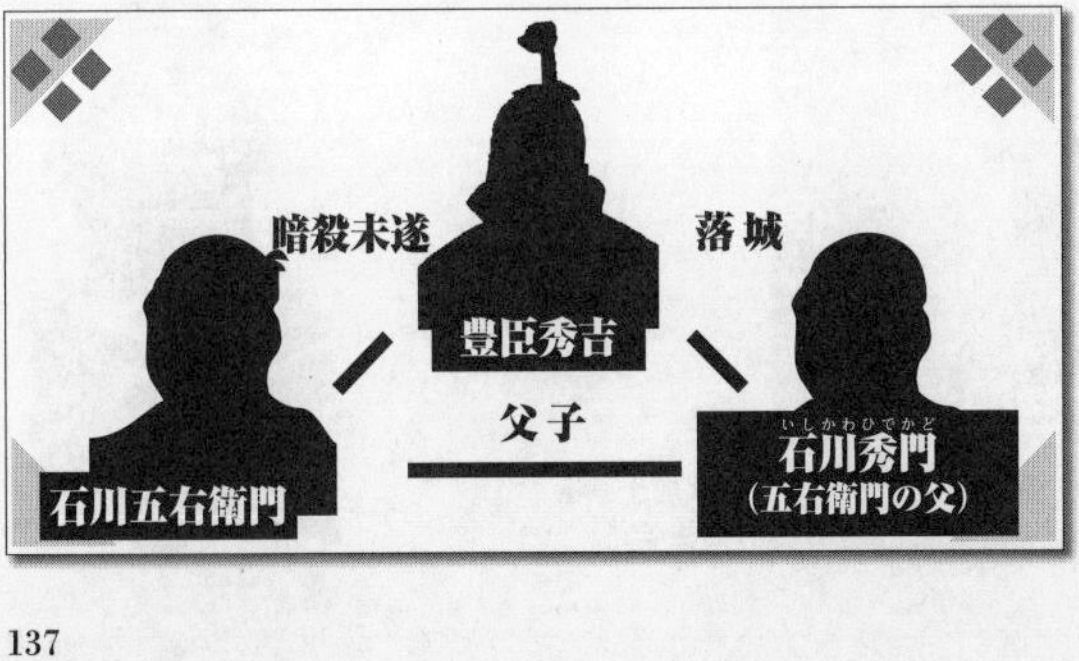

むなしく散った名軍師の最後の賭け

関ヶ原決戦を利用し天下を狙った男とは!?

秀吉の右腕、急造軍で挙兵

徳川家康率いる東軍と石田三成《いしだみつなり》率いる西軍が天下を争った関ヶ原の戦い。実はこの戦《いくさ》に乗じて天下を狙った男がもうひとりいた。その男の名は黒田如水《くろだじょすい》。豊臣秀吉の側近として山崎の戦い、九州征伐などいくつもの戦に参加して活躍を収めた名軍師である。

秀吉が死去した1598年、如水は上洛し伏見屋敷に居住した。このころ彼が吉川広家《きっかわひろいえ》に宛てた書状には、天下の大乱が起きると予想していたと思わせる記述がある。この上洛は東西の情勢を読み取るためのも

如水居士画像
（崇福寺蔵）

のだった。そして迎えた1600年7月、三成挙兵の報せを受け取った如水は領内の兵士・農民をかき集めて9000もの軍隊を作り上げる。大戦によって両軍疲弊したところを狙い打つ作戦であった。

長期戦になるはずが……

1600年9月、居城を出た如水は5日足らずで豊前の半分近くを平定し、関ヶ原へ北上。東軍に属す息子の長政《ながまさ》と敵対することを覚悟しての進軍であった。順調に進軍を続ける如水だったが、毛利領に攻め込んだところで思わぬ誤算が発生する。長引くと思われた関ヶ原の戦いがたった半日で終わってしまったのだ。戦いの前に双方が準備した兵力、兵糧からすれば、そんなに早い決着は誰しも予想していなかったことだろう。仕方なく彼は矛を収め、居城に帰還した。一方、東軍で大活躍を収めた長政は52万石を与えられ、悠々と凱旋。如水はそんな長政に八つ当たりしたという。

黒田如水の人生訓
水五訓

一つ、自ら活動して他を動かしむるは水なり
一つ、障害にあい激しくその勢力を百倍し得るは水なり
一つ、常に己の進路を求めて止まざるは水なり
一つ、自ら潔うして他の汚れを洗い清濁併せ容るるは水なり
一つ、洋々として大洋を充たし発しては蒸気となり雲となり雨となり雪と変じ霰と化し凝っては玲瓏たる鏡となりたるも其性を失わざるは水なり

無能というのは間違いだった!?

天下を分けた裏切り者 小早川秀秋《こばやかわひであき》の隠れた才

政治面では改革に積極的だった

関ヶ原の戦いの最中に西軍を裏切り、結果として東軍に勝利をもたらした小早川秀秋。その印象が強いためか、愚鈍で卑劣な裏切り者というレッテルを貼られてはいるが、近年になって実は有能な武将だったのかもしれないという説が浮上している。

まず、実績として残っているのは政治面。関ヶ原の戦いののち、岡山城に入城した秀秋は、急速に近代化を進めた。わずか20日間で完成させた外堀〝二十日堀《はつかぼり》〟のほか検地の実施、寺社領の再整備などその治績は数知れず。しかし、不運にも在封わずか2年足らずで没したため、大きな評価を得るには至らなかった。

躊躇したのも優れた戦略眼が原因!?

戦の面では総じて評価が低い秀秋だが、それも疑問が残るところがある。

秀吉の朝鮮出兵に参陣した際、秀秋は自ら敵陣に斬り込んで10以上の首級《しゅきゅう》を挙げるが、軽率だと秀吉に叱られて領地を没収された。秀吉のいうことももっともだが、このとき秀秋は16歳前後。若くして勇猛果敢に戦ったと評価されてもいいところであろう。

また、関ヶ原の戦いにおいて寝返りを躊躇したのも、西軍が疲弊するのを待っていたと考えれば合点がいく。奮戦中の大谷吉継《おおたによしつぐ》の側面をついたことで西軍は浮き足立ち、寝返る諸将も相次いだ。結果としては大成功。生涯たった2度の戦であるが、この結果から無能と判断するのは早計すぎやしまいか？

小早川秀秋の歴史年表

年代	出来事
一五八二	木下家定の5男として生まれる
一五九四	秀吉の命にて小早川隆景の養子として小早川家に入り秀秋と改名
一五九五	養父・隆景が隠居し、領地を継承。筑前名島城主となる
一五九七	第2次朝鮮出兵に参陣
一五九八	朝鮮出兵の軽率な行動から、秀吉により領地没収
一六〇〇	西軍として関ヶ原の戦いに参戦。途中で寝返り東軍に
一六〇二	死亡

酒の席でのうっかり発言が滅亡をもたらした!?

天下の大坂城の落城は秀吉の失言が原因!?

三国無双と評された大坂城

秀吉自慢の名城・大坂城は三重の堀と運河で囲まれた高い防御機能を持つ名城で、建設中に城を訪れた大《おお》友宗麟《ともそうりん》に三国無双と讃えられたほどであった。

築城が開始されたのは1583年。本能寺の変の翌年で、秀吉が天下統一に向けて奔走していた時期にあたる。これだけ大きい城となると完成まで10～15年は要するが、そのとき秀吉はすでに40代半ば、完成時には当主交代も考えられる歳である。そう、この城は自身の居城とするためだけに建てたのではなかった。難

攻不落の豊臣一族の権威としての意味もあったのだ。

失言をしっかり覚えていた家康

そんな日本随一の堅城として建てられた大坂城だが、作った秀吉だからこそ思いついた攻略法があった。自慢屋の秀吉は、大坂城に家康らを呼んで酒宴を開いたときにその秘密をばらしてしまったのだ。

秀吉は家康らに「この城を攻めるならどう攻める?」と問答をしかけた。答えに窮する一同に対し、秀吉は得意気に攻略法を語った。それは外堀を埋めるという条件で和議を申し込み、そのまま内堀も埋めてしまって本丸を裸にするという作戦だった。秀吉は感心する一同を見てご機嫌だったというが、家康はその策をしっかり覚えていた。その証拠に家康は大坂の陣にて、その作戦の通りに大坂城を落とすことに成功している。まさか、酒の席での失言が一家を滅ぼす原因になるとは秀吉も夢にも思わなかったことだろう。

大坂城
秀吉没後の1598年に完成。本丸・二の丸・三の丸・総構えを擁する堅城である。絵画資料では、天守閣は外観5層で金箔をふんだんに使った華美な様相で描かれている。2006年、日本の百名城に認定。

絆はあった。だが3本ではなかった

毛利家の絆を表す〝三矢の訓〟の矛盾

●すでにその場にいなかった隆元

毛利元就《もうりもとなり》が残した逸話として有名なものといえば、そう〝三矢《さんし》の訓《おしえ》〟だ。まずは以下に概要を記す。

元就は臨終の間際に3人の息子を呼び、矢を1本ずつ与え、折ってみよと命じた。難なく折った3人を見ていた元就が今度は3本ずつ矢を渡すと、3人は誰も折ることができなかった。これは、1本では脆《もろ》い矢も束になれば頑丈になるということを示していた。これにより三兄弟の結束はいっそう高まったという……。

教科書にも掲載された逸話だが、実はこの話には大

きな矛盾がある。元就が没した1571年、すでに長男の隆元《たかもと》は死去していたのだ。ほかのふたりも40代に差し掛かる歳で、毛利家を支える器量は十分にあった。そのため、現在では史実ではなく後世に作られたフィクションとして捉えられている。

ドラマはなくとも教え自体は存在した!?

まだ隆元が生きていた1557年、元就は3人に教訓状を与えたことがある。その中に「3人の仲が少しでも悪くなれば毛利家は滅亡する」という旨の文章があった。またそこには、宍戸《ししど》隆家《たかいえ》に嫁いだ娘の五龍《ごりゅうの》局《つぼね》も同様に扱うという記述もあり、子供たちの結束をことさらに強調している。この文書からは子供たちを教育していく上で、絆の大切さを強く提唱していたことが窺える。〝三矢の訓〟がいつ頃作られたかは定かではないが、矢が3本であれ4本であれ、家族の結束が毛利家を支えていたのは事実のようだ。

〝三矢の訓〟の元となった元就自慢の3人息子

毛利隆元
長男。内政能力に長け、毛利家の基盤を作るが、父・元就より先に死去

吉川元春
次男。戦上手の猛将として知られ、織田軍と幾度となく戦いを繰り広げた

小早川隆景
三男。水軍の指揮官として活躍。甥の輝元の保護者役として厳しく育てた

下克上の斎藤道三《さいとうどうさん》はふたり存在した!?

〝美濃の蝮〟の国盗り伝説

油売りをしていたのは道三の父!?

司馬遼太郎の小説『国盗り物語』に登場する斎藤道《さいとうどう》三《さん》は、僧侶から油売りを経て、戦国大名まで成り上がった下克上大名として描かれている。だが、この道三像には大きな誤りがあったことが近年発覚した。

『国盗り物語』によれば、道三は油売りとして全国各地を練り歩きながら、諸国の内情を偵察していた。そして、統一しやすい国として美濃国を選んだ彼は土岐《とき》氏に仕官するとすぐさま頭角を現し、土岐氏を追放して大名に成り上がった。まさに絵に描いたような下克上ストーリーだが、この前半部の油売りから土岐氏に潜り込み、頭角を現すまでの半生は、実は道三の父・西村新左衛門尉《にしむらしんざえもんのじょう》によるものだったのである。

よそ者ゆえに内政はうまくいかず……

土岐氏の中で頭角を現した新左衛門尉だったが、志半ばでこの世を去る。そこで家督を継いだのが道三だ。道三は主家筋の長井景弘《ながいかげひろ》を倒すと、土岐一族の内部対立に乗じてクーデターを起こし、当主・土岐頼芸《ときよりのり》を追放。翌年には美濃国統一を成し遂げる。

こうして親子2代で〝国盗り物語〟を実現した道三だったが、よそ者国主ということもあって内政面は失敗続き。やがて、息子の義龍《よしたつ》によって隠居に追い込まれた道三は、義龍と戦うべく挙兵するがあえなく討死してしまう。その後、孫の龍興《たつおき》の代で織田信長の手によって斎藤家は滅亡。父と成し遂げた下克上も、美濃国統一からわずか3代にして幕を閉じた。

美濃を喰った2匹のマムシ　人物相関図

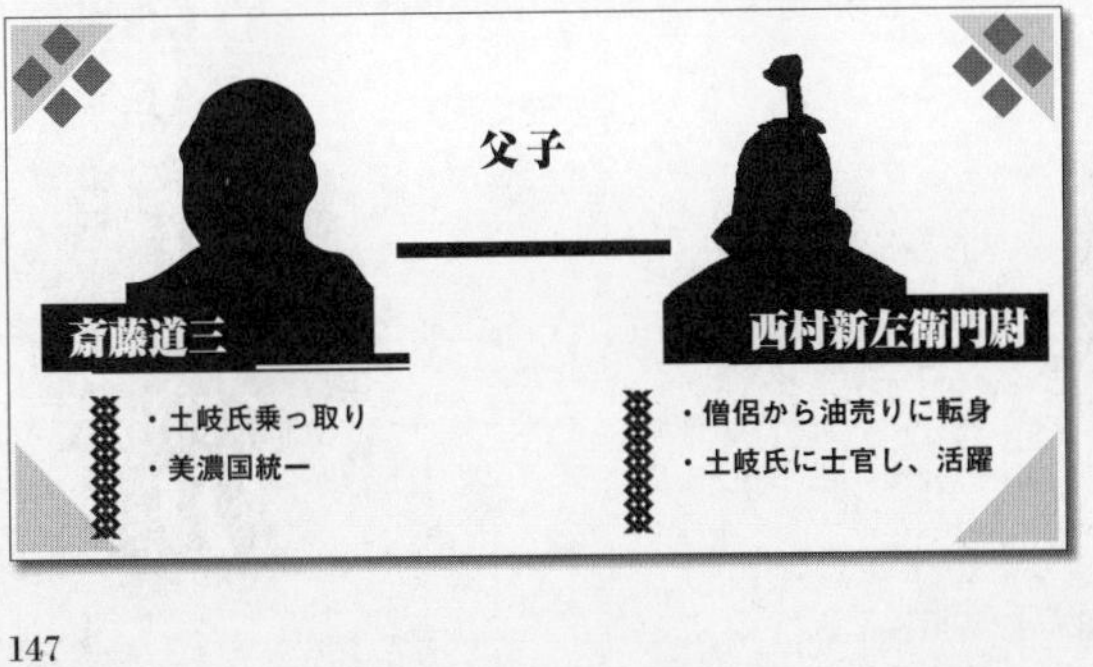

学校では教えてくれない

本当の日本史

第三章

幕末

幾度となく語られた英雄の死の真相

坂本龍馬《さかもとりょうま》を殺害した 真犯人は誰なのか？

近江屋に7人の刺客が乱入！

坂本龍馬《さかもとりょうま》暗殺事件が起きたのは、1867年11月15日のこと。龍馬は土佐《とさ》藩邸近くにある近江屋《おうみや》の2階で、陸援隊長・中岡慎太郎《なかおかしんたろう》と密談を交わしていた。途中、龍馬の用心棒だった岡本健三郎《おかもとけんざぶろう》が席を外したとき、十津川郷士《とつかわごうし》と名乗る男7人が近江屋に乱入する。

龍馬と中岡は斬りつけられ、頭部に深手を負った龍馬は絶命。中岡も2日後に息絶えてしまう。中岡が「刺客のひとりが『こなくそっ』と四国方言で叫んだ」といい残したことが、犯人探しの材料となった。

殺害された土佐藩士・坂本龍馬

犯人は新撰組か、京都見廻組か？

事件直後、まず犯人と疑われたのが新撰組の原田左《はらださ》之助《のすけ》だった。新撰組から分派していた高台寺党の伊東《いとう》甲子太郎《かしたろう》が、暗殺現場に残された鞘《さや》を見て「これは原田左之助のもの」と証言したためである。

しかも原田は四国・松山出身であり「こなくそっ」と四国方言を発した事実とも合致する。だが、実戦経験の多い原田が抜き身で帰るような失態を犯すとは考えにくく、後に捕縛された近藤勇《こんどういさみ》や元隊士たちもみな、原田の龍馬暗殺下手人説を否定している。

明治維新後、元京都見廻組だった今井信郎《いまいのぶお》や渡辺篤《わたなべあつし》らが「自分たちが龍馬を殺害した」と証言した。京都見廻組は、新撰組と同じく京都市中の取り締まりを行なっていた集団。寺田屋事件で幕吏《ばくり》数人を殺害した龍馬は、彼らに追われる身だった。だが彼らの証言には食い違いが見られ、売名行為だったとも考えられる。

龍馬暗殺事件を巡る 人物相関図

暗殺の裏に潜む陰謀の数々

龍馬暗殺事件を語る上で外せないのが薩摩藩の存在。武力倒幕を目指していた薩摩にとって、穏健派の龍馬は疎《うと》ましかったようだ。薩摩藩が京都見廻組に龍馬暗殺の汚名を被ってもらった可能性も捨てきれない。

また、土佐内部の犯行説も有力だ。龍馬から「船中八策」を受けた土佐藩士・後藤象二郎《ごとうしょうじろう》は、前藩主の山《やま》内容堂《うちようどう》に対して将軍・徳川慶喜《よしのぶ》を大政奉還させるよう進言。この手柄により彼は執政に就任し、1500石に栄進している。そこで考えられるのが、手柄を独占しようと刺客を送ったとする説だ。

龍馬の用心棒だった岡本健三郎が襲撃の直前に席を外したのも、後藤の指示があったと考えれば腑に落ちる。もちろん後藤も土佐出身なので「こなくそっ」と叫んでも不自然ではない。真相は藪の中だが、彼が犯人であった可能性は十分あるだろう。

手柄を一人占めしたかった(?)後藤象二郎

逃げ込んだ長州藩に利用された志士たち

脱藩後の中岡慎太郎《なかおかしんたろう》は長州のスパイだった!?

長州藩へ集まる尊王攘夷派

八月十八日の政変以降、全国の諸大名が自藩の尊王攘夷志士を弾圧し始めたのに対し、長州藩だけは尊王攘夷を唱え続けた。そのため、自藩を追われた志士たちは長州藩を目指すこととなった。

中岡慎太郎《なかおかしんたろう》もそのひとり。彼は土佐藩を脱藩し、長州藩に逃れてきた。すると中岡を受け入れた長州藩は、彼を京都などの各地に情勢探索、つまりはスパイ活動をさせるために潜伏させたのである。

中岡はまず、1864年1月に京都へ渡る。そこで

高杉晋作《たかすぎしんさく》と出会い、島津久光《しまづひさみつ》暗殺を画策するが果たせずに5月に長州藩へ帰藩。そして6月にふたたび京都へ戻る。7月に入ると「禁門の変」が起こり、彼は脱藩志士らのまとめ役となって戦うが、敗れてまたも長州藩へ。8月にもまた京都へ向かい、10月に帰藩。すぐさま今度は鳥取へ出発し、11月にまた戻ってきた。中岡は行ったりきたりの繰り返しで休む暇もなし。

スパイ・中岡慎太郎は大忙し！

このように過酷な任務を強いられた中岡だが、自藩を抜け出し脱藩罪に問われている彼にとっては、罪が許されるまでの期間は自身を庇護してくれる長州藩に対して何もいえなかったのである。中岡だけではない。長州に逃げ込んだほかの浪人たちも同様だった。長州が他藩の尊王攘夷派を受け入れた狙いは、彼らの立場や心理をうまく利用し、スパイ活動を行なわせることにあったと考えるのが自然なようだ。

中岡慎太郎の言葉

涙を抱えて沈黙すべし

捕らえられて処刑された故郷の同志を想い、中岡が土佐藩に残る友に宛てた手紙に書かれていた言葉。なんとも男らしいセリフだ

2度目の挑戦も叶わず……

龍馬が成し得なかった蝦夷地開拓計画

北国に見た龍馬長年の夢

1867年、海援隊《かいえんたい》の武器などを積載した〝いろは丸〟が鞆《とも》の浦沖の六島《むしま》付近で軍艦と衝突した。これにより〝いろは丸〟は沈没、この船に託されていた龍馬の蝦夷地《えぞち》開拓の夢も、儚《はかな》く散ることとなった。

土佐の人たちが蝦夷地に興味を持ったのは安政年間。箱館と下田に米領事館が設置されると、土佐藩からも北方視察に行く者が登場。そして彼らの視察話を聞いた龍馬は、蝦夷地の開拓を夢見るようになったという。だが実施直前に発生した池田屋事件により、計

画は中止に終わる。

◆龍馬の夢は呆気なく海底へ

それでも龍馬は夢を諦めなかった。だが、脱藩後の龍馬は事実上の失業状態。そんな龍馬を見た木戸孝允《きどたかよし》は、下関の本陣・伊藤家に寄寓《きぐう》させ、商売をさせようとしたのである。当時の下関は、秋には北国の物資を積んだ〝北前船《きたまえぶね》〟が集まっていた。また、蝦夷地から日本海を西回りし、下関から瀬戸内海に出て大坂へと抜ける〝北前航路《きたまえこうろ》〟も繁栄し、何かと蝦夷地との繋がりがあったのだ。木戸にチャンスをもらった龍馬は下関を本拠に移し、ふたたび蝦夷地開拓を試みたのである。龍馬は妻を長崎から呼び寄せ着々と計画を進めていく。そして〝北行の船〟としていろは丸をチャーターするが、前述の通り初航海にしてまさかの沈没。結局、この年の末に龍馬は暗殺され、夢が実現することは未来永劫なくなってしまったのである……。

龍馬の夢を壊した〝いろは丸〟とは？

年代	出来事
一八六二	イギリスで建造される
一八六六	オランダ人から大洲藩郡中奉行である国島六左衛門が購入
一八六七	大洲藩が坂本龍馬に貸与する 大坂に物資を運ぶために長崎を出港 紀州藩船である明光丸と衝突、沈没する

息子が犬に噛まれてさぁ大変！

瀕死の勝海舟《かつかいしゅう》を救ったのは父の看病だった！

海舟を犬嫌いにさせたある事件

幕末から明治時代にかけて、政治家として活躍した勝海舟《かつかいしゅう》。彼は蘭学・兵学を学んで日本人初の太平洋横断航海を成功させたり、幕府側代表として江戸《えど》城《じょう》無《む》血開城《けっかいじょう》を実現させたりと数々の歴史的偉業を成し遂げた人物である。そんな海舟にも苦手とするものがあった。それは〝犬〟である。しかもちょっとやそっとの犬嫌いではない。なんと犬を見ただけでガタガタ震え出してしまうほどだったというからよっぽどだ。

実は海舟、幼い頃に犬に噛まれ生死をさまようほど

勝海舟。父の看病がなかったらこの姿は見られなかっただろう

の大ケガを負っていたのである。そのことは海舟の父・小吉《こきち》の自伝『夢酔独言《むすいどくげん》』に書かれているが、海舟が命拾いしたのは小吉が懸命に行なった〝看病〟があったからだという。だが、小吉は生涯を不良で貫き通したいわゆる〝暴れん坊〟。そんな小吉が行なう看病はやっぱり人並み外れた方法だったのだ。

父・小吉による〝ぶっとんだ〟看病法

『夢酔独言』によると、海舟が犬に噛まれたのは9歳のとき。小吉は息子が犬に噛まれたことを知るとすぐさま飛んでいったという。だが、海舟は急所を噛まれ瀕死《ひんし》状態。それを見た小吉は外科医を呼びつけるが、いざ傷口を縫合してもらうときになると医者が恐怖心からか震えだしたのである。それを見た小吉は激昂《げきこう》。刀を抜くと医者のかたわらに突き立て、大声を荒げて闘魂を注入したという。

次に小吉がとった行動は〝水垢離《みずごり》〟。彼は冷水を浴

〝暴れん坊〟!?　勝小吉の歴史年表

年代	出来事
一八〇二	生誕
一八〇八	勝甚三郎の養子となる
一八一五	江戸を出奔
一八一九	結婚
一八二二	父親に座敷牢に入れられ、そこで暮らすようになる
一八二三	長男（海舟）誕生
一八三八	37歳で隠居。海舟へ家督を譲る
一八五〇	49歳で死去

びて金比羅《こんぴら》へ毎晩はだか参りをして息子の回復を祈願したというのである。かなり〝ぶっ飛んだ〟ように見えるが、それまで暴れん坊として破天荒《はてんこう》な人生を歩んできた小吉にとって、父親としてできることはこれが精一杯のことだったのだろう。また、その後も小吉は寝るときには海舟を抱き、決してほかの者には触らせることはなかったという。

瀕死状態からの見事な回復

結果、小吉の懸命な〝看病〟の甲斐あってか海舟は一命をとりとめ見事に回復した。小吉は「病人には看病が大事だ」と誇らしげに語ったという。

一時は死にかけた海舟を諦めずに見守り続けた父・小吉。その一見〝むちゃぶり〟とも思える看病の裏側には、父親としての深い愛情すら感じられる。海舟の命を救ったのは医療でも何でもなく、小吉の人並みはずれた看病があったからこそといえるだろう。

幕末最強の戦闘集団は腐女子好みのイケナイ関係

新撰組は男色にまみれていた！

武士のたしなみとされた衆道《しゅうどう》

局長・近藤勇《こんどういさみ》を中心として結成された、幕末最強の戦闘集団・新撰組。脱走すれば切腹、私闘をしても切腹、士道に背いたと判断されても切腹というこの切腹組織には、実は男色がはびこっていた。

そもそも明治時代に入るまで、男色は〝武士のたしなみ〟といわれるほど一般的で、決して特殊なものではなかったという。

歴史を紐解いてみても、有力な武将や大名には夜の相手を務める小姓がついていた。有名なところでは織

新撰組局長・近藤勇

田信長の小姓・森蘭丸が挙げられるが、ほかにも徳川家康や武田信玄、伊達《だて》政宗《まさむね》など、そうそうたる顔ぶれにも〝そっちの気〟があったようだ
江戸幕府の三代将軍・徳川家光も生粋の男色家で女性にからっきし興味がなく、中年をすぎるまで世継ぎをもうけることすらなかったという。

新撰組一の男色家・武田観柳斎

こうした風潮は新撰組においても同じこと。男ばかりが何十人、何百人と集まるのだから致し方ない。中でも有名なのが、五番隊組長を務めた武田《たけだ》観柳斎《かんりゅうさい》。子母澤《しもざわ》寛《かん》の『新選組物語』に描かれたエピソードによると、武田は隊中美男五人衆のひとりである馬越《まごし》三郎をいたく気に入り、ことあるごとに追い回した。その気のない馬越はこれに辟易《へきえき》し、ついには副長・土方歳《ひじかたとし》三《ぞう》に除隊を申し出る事態に発展してしまったという。

武田のエピソード自体は創作の可能性もあるが、新

暗殺集団・新撰組のBL的事件簿

其ノ一
近藤勇、隊内で衆道が流行っていると書簡に記す

其ノ二
武田観柳斎が馬越三郎を追いかけ回す

其ノ三
加納惣三郎が隊内の男を魅了する（創作）

撰組に衆道が蔓延していたのは本当のようだ。事実、局長・近藤勇が友人・中島次郎兵衛に宛てた書簡にも「局中頻ニ男色流行仕候」、すなわち〝新撰組の中でも男色が流行っている〟とある。

男色に無縁だったプレイボーイ土方

こうした事実を受けてか、新撰組内の男色を描いた作品も少なくない。99年に公開された大島渚《おおしまなぎさ》監督作『御法度』も新撰組内部の衆道を描いているし、司馬遼太郎の『新選組血風録』にもそうしたエピソードはたびたび登場する。ＢＬ好きの腐女子は大喜びだろう。

だが、近藤をはじめとする幹部クラスには、そうした噂がほとんどない。特に土方はまったくその趣味がなかったようで、残された資料はプレイボーイぶりを示すものばかりだ。

写真にも残っている彼のルックスを見れば「さもありなん」といったところだろうか。

新撰組鬼の副長と恐れられた土方歳三

たったひとりの最終決戦

土方歳三《ひじかたとしぞう》は幕府軍の仲間に暗殺された!?

死に場所も遺体の行方も不明……

「たとひ身は　蝦夷の島根に　朽ちるとも
　魂は東の　君やまもらん」

新撰組副長・土方歳三が死を覚悟して詠んだというこの歌は、現実となってしまった。大政奉還後も新政府軍に対して徹底抗戦を続けた彼は、北海道・箱館の地で乱戦中、銃弾に倒れてこの世を去ったのである。

だが、実際、彼が朽ちたとされる場所は確認されておらず、亡骸も行方不明になったまま。「土方は本当に敵の銃弾に倒れたのか？」という疑問とともに浮上

してきたのが、何と味方による暗殺説である。

徹底抗戦を掲げる土方は邪魔者に……

旧幕府軍の兵士たちはすでに戦意を喪失していた。というのも、戊辰戦争で新政府軍の勢力が一気に拡大し、味方の軍艦が次々と座礁してしまったからである。その中でも土方だけは降伏することを頑強に反対し、徹底抗戦を掲げていたのだ。

だが、もはや旧幕府軍の敗北は目に見えていた。これ以上戦いを続けても犬死するだけ。「降伏に反対する土方さえいなければ、無駄な戦争を終えることができる」と誰もが考えたことだろう。〝乱戦にまぎれて土方を暗殺する〟という計画が、仲間内で持ち上がってもおかしくない状況だったというわけである。

土方が旧幕府軍の勝利と仲間を信じつつ策略を練っていた裏では、「土方暗殺計画」が着々と進行していたのかもしれない……。

大政奉還後　土方歳三の軌跡

其ノ一	其ノ二	其ノ三
1868年、戊辰戦争が勃発。新政府軍との銃撃戦に敗北する	旧幕府海軍と合流し、榎本武揚らとともに蝦夷地に渡る	新政府軍の箱館総攻撃開始。乱戦中、銃弾に倒れ絶命

袂をわかった旧友との友情秘話

ヘッポコ当主だった 新撰組局長・近藤《こんどう》勇《いさみ》

竹刀技はからっきしだよ近藤くん

「真剣を持たせると敵なし」と称された新撰組局長・近藤勇《こんどういさみ》。その腕前は天才剣士・沖田総司《おきたそうじ》にも劣らぬといわれたほど。ところがなぜか、竹刀《しない》技となるとからっきしだったという。

新撰組の結成前、彼は天然理心流《てんねんりしんりゅう》・近藤周助《しゅうすけ》の後を継ぎ、道場「誠衛館《しえいかん》」を開いていた。道場破りの他流試合を申し込まれることも多々あったが、竹刀技がダメだった近藤がとった対策は、何と外部から助っ人を連れてくるというもの。情けないにもほどがある。

彼が救いを求めたのは、九段坂上三番町にある神道《しんどう》無念流《むねんりゅう》の渡辺昇《わたなべのぼり》。道場破りの技量に応じて、渡辺の道場「練兵館《れんぺいかん》」の者に助太刀を頼んでいた。

近藤と渡辺の交友関係

道場破りを撃退したあとは、助勢に加わった門弟たちにご馳走が振舞われた。当時のことだから沢庵を肴に冷酒をあおるだけだが、門弟たちにとってはこれでも格別。それを楽しみにしていた者も多く、助勢に行ってはご馳走に舌鼓を打っていたという。その後も、近藤と渡辺の交友関係は続いていく。

だが、渡辺昇といえば坂本龍馬に並ぶ倒幕運動の立役者。つまり、新撰組局長である近藤とは相反する立場になるわけだ。『渡辺昇自伝』によると、渡辺に危機が迫ったとき近藤は「京都を去れり」と注意を促したという。逆の道を突き進んだふたりだが、若き頃の友情は永遠に不滅だったのである。

人物相関図
立場を超えた深い友情

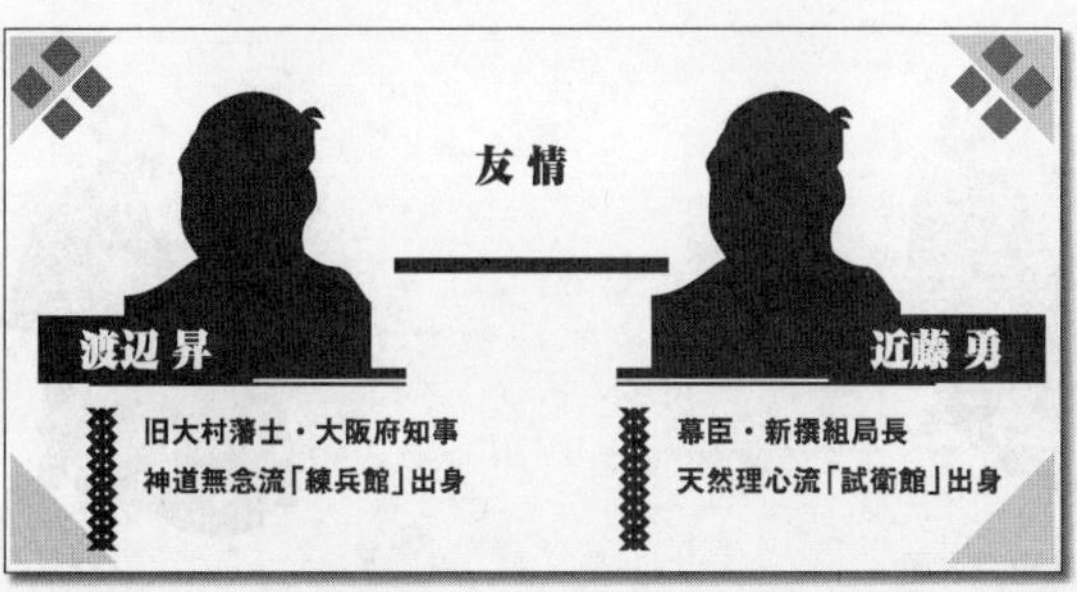

実は死んでいなかった維新三傑のひとり

西郷隆盛《さいごうたかもり》は西南戦争後ロシアで生きていた？

隆盛像のモデルは別人だった！

東京・上野公園の西郷隆盛《さいごうたかもり》像を見た夫人の糸子さんは「宿んし(うちの人)はこげんなお人じゃなかったこてえ」と驚いたという。それもそのはず、隆盛像のモデルとなった肖像画は西郷本人ではないのだ。これは西郷の死後に描かれたもので、〝弟・従道《つぐみち》の目元〟と〝従兄弟・巌《いわお》の顔つき〟をモデルにしたという。

残念ながら西郷の肖像画はもとより、彼の写真は一枚も残っていない。当時は写真機が存在しており、幕末の偉人たちはその姿を写真に残しているのだが……。

エドアルド・キヨッソーネ画・西郷隆盛の肖像画

維新後、明治天皇から自らの御真影《ごしんえい》と引き換えに、写真を送るよう所望されたときでさえ、彼はこれを拒否したという。なぜ、彼は自分の姿が世間の目に触れることをかたくなに拒んだのだろうか？

西郷家は隠密を生業にしていた！

西郷家はもともと隠密を生業とする家系で、彼の父・吉兵衛《きちべえ》は斉淋《なりあきら》の重臣である赤山靭負《あかやまゆきえ》の御用達として情報収集を行なっていたという。

そして彼も江戸にいた頃「お庭方」という職に就いており、情報収集や工作を任務として他藩の動向を探っていた。その仕事がら、西郷は自分の容貌や特徴が知られることを避けていたのかもしれない。

西郷はロシアに渡っていた？

そんな西郷にまつわる最大のミステリーが、西郷が

西郷隆盛の歴史年表

年代	出来事
一八二八	薩摩藩士の家に生まれる
一八五八	安政の大獄で追われ、入水自殺を図るが失敗
一八六六	薩長同盟を締結
一八六八	王政復古の大業を成す　鳥羽・伏見の戦いにおいて参謀として指揮
一八七一	廃藩置県を実施
一八七三	征韓論争に敗れ下野
一八七七	西南戦争に敗れて自刃

死んだとされる西南戦争の「後」にある。何と西郷は死んでおらず、ロシアに渡って生き延びていたというのだ。

1891年、シベリア鉄道視察の後に来日することが決まっていたロシアの皇太子ニコライと一緒に、実は生きていた西郷隆盛が帰国するという噂が流れた。西郷の目的は「日本の政界を粛清する」こと。この噂を受けて明治天皇も冗談交じりではあるが「それが事実なら西南戦争の論功行賞を取り消さなければならない」と述べたほどで、当時はちょっとした騒ぎとなっている。そしてこの噂がひとつの大事件を起こす。西郷復権を恐れた巡査・津田《つだ》三蔵《さんぞう》が、来日した皇太子ニコライを暗殺しようとしたのだ（大津事件）。津田は西郷が復権すると与えられた勲章を取り上げられると考え、事件を起こしたという。

西郷がロシアに渡っていたという証拠は存在しない。だが、生存説ひとつで事件が起こってしまうほどの影響力は、彼が唯一無二の存在である証《あかし》だろう。

西郷隆盛像

男の中の男というイメージは虚像!?

英雄・西郷隆盛には男色趣味があった!?

西郷隆盛は美少年が大好物!?

戦国武将に男色趣味が多かったという話はよく耳にするが、西郷隆盛も男性にそれはそれは強い興味を示していたという。

西郷は山田顕義《やまだあきよし》という男にゾッコンだった。山田は明治政府で初代司法大臣にまでなった人物。西郷はひと目で彼の容貌に惚れ込んでしまったというから驚きだ。いわばひと目惚れである。

西郷は山田の手をとり「君は実にヨカ美少年なり」といったとか。

また、西郷は龍馬の一族である坂本源三郎にも惚れていた。源三郎は「水もしたたる源三郎」といわれるほど周囲では評判の美少年。西郷は、そんな源三郎を大いに気に入り、「連れて帰って武士に取り立てたい」と訴え続けていたという。

同性愛の末に心中未遂事件まで？

西郷はまだ吉之助《きちのすけ》と名乗っていた頃、幕府に追われて京都から逃れてきた僧侶・月照《げっしょう》とともに海に身を投げるという心中未遂を起こしている。ふたりはそのとき抱き合った状態で海に飛び込んだとされ、そのため西郷と月照の間にも〝禁断の関係〟があったのではないかといわれているのだ。

西郷隆盛という、なんとも男らしい姿が印象的な人物にそんな趣味があったとは、想像しづらい。だが、西郷は戦国武将のような男色趣味を堂々と周囲にひけらかしていたのである。

西郷隆盛の〝オトコ関係〟を巡る
人物相関図

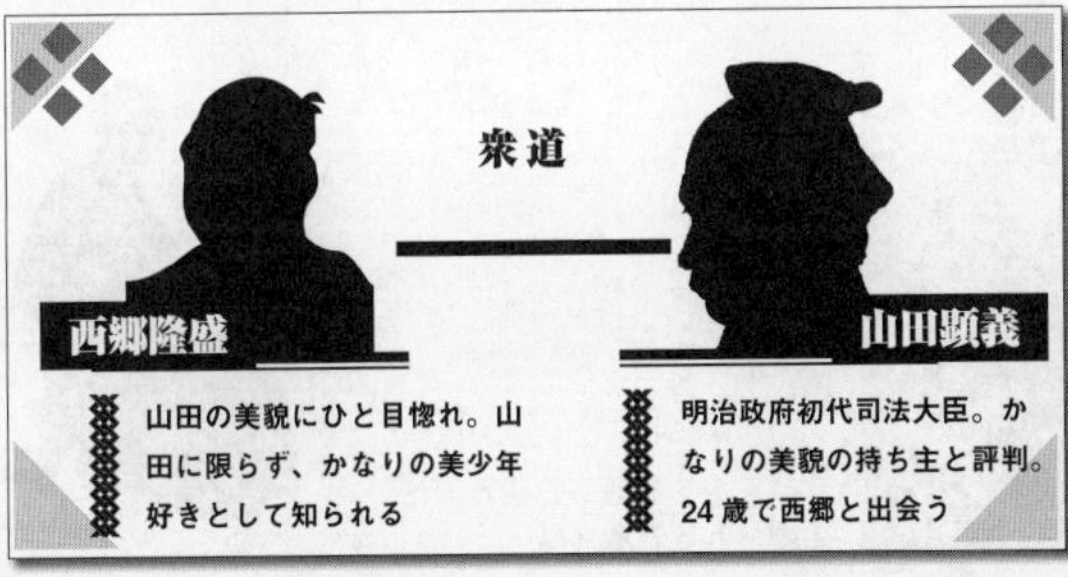
衆道
西郷隆盛
山田の美貌にひと目惚れ。山田に限らず、かなりの美少年好きとして知られる
山田顕義
明治政府初代司法大臣。かなりの美貌の持ち主と評判。24歳で西郷と出会う

天然痘が原因で崩御したのはウソだった……!?

孝明天皇《こうめいてんのう》の死の裏には岩倉具視《いわくらともみ》の影があった

健康だったはずの孝明天皇

孝明《こうめい》天皇が即位したのは12代将軍・徳川家慶《いえよし》の在位中のことである。即位時、天皇はまだ16歳、政治経験が乏しいままに安政《あんせい》の大獄《たいごく》や桜田門外《さくらだもんがい》の変などが起きた動乱の時期を駆け抜けることとなる。

また、公武合体《こうぶがったい》運動の推進などを行ない、天皇として尽力した。天皇の多忙さに周囲は天皇の心労や体調を心配するが、天皇はいたって健康だったという。そんな孝明天皇が急な発熱で倒れたのは1866年のこと。原因は天然痘《てんねんとう》と発表される。すぐに24時間態勢で

孝明天皇を暗殺した張本人だと噂される岩倉具視

の治療措置がとられ、その甲斐あってか天皇の症状は順調に回復しはじめた……が、病状は急変。そのまま帰らぬ人となってしまった。

波紋を呼んだ天皇の急死

あまりに急なできごとだっただけに、孝明天皇は何者かによって暗殺されたのではないかという〝暗殺説〟がささやかれたのも無理はないだろう。「いったい誰が何のために天皇を殺したのか」「天皇が死んで一番得する人物はいったい誰なのか……」そこでひとりの男の名前が浮かび上がる。のちの王政復古《おうせいふっこ》の大号令で知られる男、岩倉具視《いわくらともみ》だ。

岩倉具視はかつて公武合体論者だったが、彼は世間が倒幕ムードになるとあっさりと尊王攘夷《そんのうじょうい》に転向。これが結果的に孝明天皇との関係に決裂を招くこととなってしまったのだ。孝明天皇が在位されている限り出世することは難しい。そう考えた岩倉が天皇暗殺を

36歳で崩御された孝明天皇。健康だった天皇の急死には〝暗殺説〟が浮上する

企てた……というのである。

明治天皇へと替わって、岩倉は出世

孝明天皇から明治天皇へ替わると岩倉は一躍出世。これは孝明天皇が在任していればありえない展開だっただけに、さらに〝岩倉具視による暗殺説〟を盛り上げることとなってしまったのだ。

そんな天皇暗殺がささやかれる岩倉だが、彼にはもうひとつ疑いがかかっているものがある。〝天皇すり替え説〟だ。これは睦仁《むつひと》親王が明治天皇となられる際、別の者に差し替えられたというもの。それを示すように即位前とあとで天皇はまるで〝違う人〟なのである。

たとえば、睦仁親王は天然痘を患っており顔面には天然痘特有の後遺症があったが、明治天皇の顔には見られない。また、虚弱体質だったという幼少時代に対し、即位後はといえば側近の者を相撲で投げ飛ばすこともあったとか。さらに、「字が下手」「政務に無関心」

「乗馬の記録がない」という睦仁親王に対し、明治天皇は真逆の要素を持っているのである。

天皇はすり替えられていた!?

それではいったい誰にすり替えられたのだろうか。その人の名は南朝の末裔《まつえい》である大室《おおむろ》寅之祐《とらのすけ》。つまり「北朝」系の子孫である睦仁親王に代わり「南朝」の大室が即位したということだ。これにより北朝系に仕えていた徳川家や松平家は、天皇にとって「逆賊《ぎゃくぞく》」になってしまった。これが新政府にとって江戸幕府勢力を一掃する「口実」となり戊辰戦争《ぼしんせんそう》が起きたのである。

岩倉は天皇をすり替えることによって旧体制を完全に破壊することに成功した……ということである。

当時、人々は噂を耳にしては真相を確かめようとしてきた。しかし、明治に入ると皇室のプライベートやスキャンダルを公言することはタブー化されてしまう。岩倉は周囲の追及を〝うまく〟免れたのである。

孝明天皇の死を巡る 人物相関図

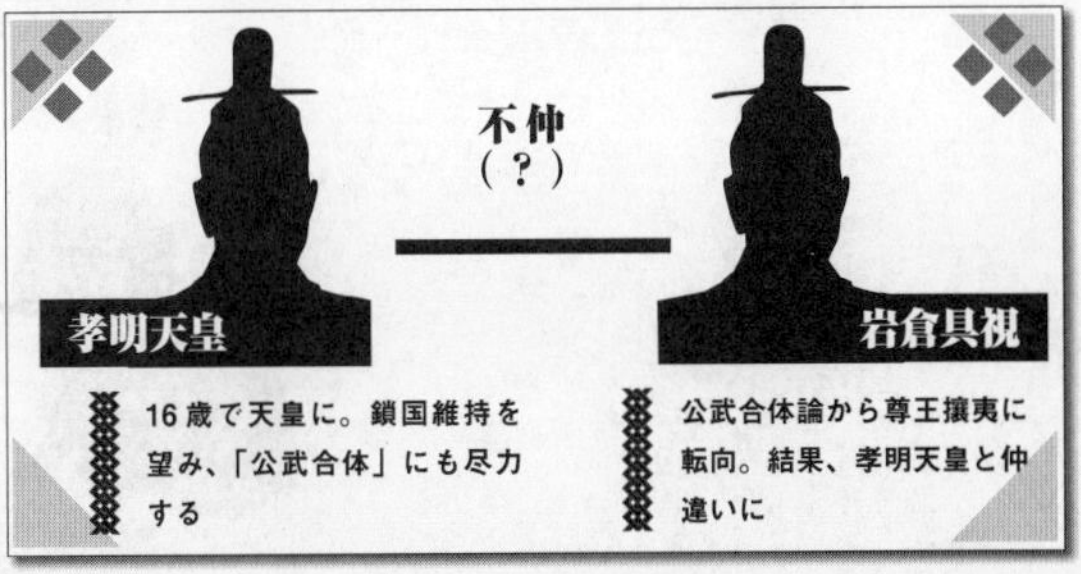
岩倉具視
公武合体論から尊王攘夷に転向。結果、孝明天皇と仲違いに
不仲
（？）
孝明天皇
16歳で天皇に。鎖国維持を望み、「公武合体」にも尽力する

フィクサー岩倉具視の権謀術数

「討幕の密勅」はニセモノだった!?

討幕の密勅に見られる疑問点

「討幕の密勅」は1867年10月13日に薩摩藩、14日には長州藩へ下された。内容は「賊臣・慶喜《よしのぶ》を討伐せよ」というもの。いずれも中山忠能《なかやまただやす》、正親町三条実愛《おおぎまちさんじょうさねなる》、中御門経之《なかみかどつねゆき》の3名の署名があった。しかし、この密勅にはいくつかの疑問点がある。

まず密勅の渡し方。薩長それぞれの藩士である大久保利通《おおくぼとしみち》と広沢兵助《ひろさわひょうすけ》が正親町三条の屋敷を訪れ、そこで直接手渡されているのだが、この形式は極めて異例。たとえ密勅とはいえ詔書が一公家の私邸で渡され

ることは、普通あり得ないという。

偽勅を指示した人物は誰なのか!?

疑問点はまだある。この密勅には天皇の直筆はおろか、勅旨伝宣の奏者として連名している中山忠能らの花押《かおう》（署名の下に書かれる記号）も添えられてないのだ。通常、花押は本人が書くのが当然で、それがないのは明らかに不自然。しかも、3名の署名の筆跡はまったく同じだという。

これらの疑問点から、この密勅は宮中の討幕急進派が天皇の許可を得ることなく「討幕の密勅」を起草し、両藩に渡したものだと考えられる。

そしてこの偽勅《ぎちょく》を指揮した人物こそ、かの岩倉具視《いわくらともみ》だ。岩倉は当時、薩摩藩士・西郷隆盛と結び武力による政権奪取を唱えていた討幕派の中心人物。強引な手を使ってでも慶喜を討とうした…と考えるのは、決して突飛ではない。

「討幕の密勅」偽勅の疑惑

其の一	其ノ二	其ノ三
明治天皇または摂政の署名がない	署名された3名の「花押」が書かれていない	密勅が一公家の私邸で直接、手渡されている

真面目一徹・吉田松陰の知られざる一面

獄中で密かに育んだ松陰《しょういん》たった一度の恋

人生でたった一度の愛のメモリー

高杉晋作や桂《かつら》小五郎《こごろう》といった明治維新の立役者を育てた吉田松陰《よしだしょういん》。彼の生涯を語る中で、女性の名前が出てくることはほとんどない。ただひとりを除いては。

松陰30年の人生に登場する唯一の女性は「高須久子《たかすひさこ》」なる人物。ふたりが出会ったのは、師・佐久間象山《さくましょうざん》とともにアメリカ密航計画に失敗して長州の野山獄《のやまごく》に送られたときのこと。場所はもちろん獄中である。

想いを通じ合わせた過程は定かでないが、互いの心情が込められた句が残っている。

「鴫《しぎ》立って　あと淋しさの　夜明けかな」

これは松陰が野山獄を出るときに、久子が詠んだ句だ。久子が松陰を慕っていたことがよくわかる。

句から読み解く松陰の甘〜い恋心

一方、松陰の気持ちはこれから数年後、安政の大獄によって幕府の元へ檻送される直前、野山獄に再入獄したときの句で明らかになっている。

「箱《はこ》根《ね》山《やま》　越すとき汗の　出でやせん　君を思ひて
ぬぐひ清めむ」

江戸へ向かう当日、久子が縫った手布巾を贈られた際に松陰が詠んだ句だ。何とも甘酸っぱい。

「一声を　いかで忘れん　ほととぎす」

という久子の返しも、切なさがいっぱいだ。高須久子は明治に入ってからも、つねに松陰のことを語っていたという。勉学ひと筋といった印象の松陰にも、こんな〝青春の日々〟があったのである。

吉田松陰・恋の人物関係図

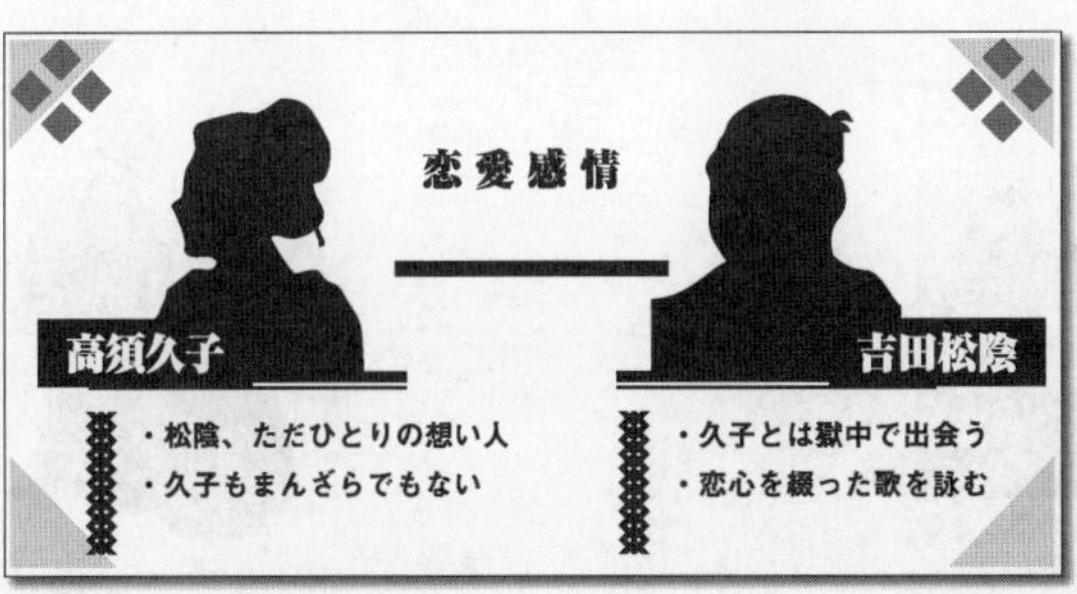
恋愛感情
高須久子
・松陰、ただひとりの想い人
・久子もまんざらでもない
吉田松陰
・久子とは獄中で出会う
・恋心を綴った歌を詠む

時代を先取った吉田松陰という男の教え

松陰の松下村塾《しょうかそんじゅく》はゆとり教育型だった

志が高ければ誰でも入門可能！

高杉晋作、久坂玄瑞《くさかげんずい》、伊藤博文《いとうひろぶみ》、そして山縣有朋《やまがたありとも》……。幕末から明治にかけて日本の行く末を担った面々だが、彼らはみな吉田松陰主宰の松下村塾出身者である。

松下村塾は、松陰の叔父である玉木文之進《たまきぶんのしん》が長州藩の萩松本村《はぎまつもとむら》に設立した私塾で、松陰自身もここで学んだ。後に塾頭となった松陰は、武士や町民など身分の隔てなく生徒を受け入れたという。

「長門の国は僻地であるが、ここを世界の中心と思って励めば日本を動かすことはできる」が信念である。

松下村塾を開塾した教育者・吉田松陰

詰め込み型ではなくゆとり方式

近所の青二才をあれほど立派に育て上げたのだから、さぞかし厳しい詰め込み教育が行なわれたのだろう……と思いきや、それとはまったくの逆。門下生の発想や自主性を大事にする教えだった。

目下の門下生に対しても丁寧な物腰で接し、一方的に教えるのではなく意見を交わし合うのが松下村塾スタイル。入門希望者が訪ねたときには「自分もまだ、学んでいる身。教えることはできないがともに勉強しよう」と言葉をかけたとか。

1859年、松陰は「安政の大獄」に連座して処刑されたため、松下村塾も閉鎖の憂き目を見る。だが門下生たちは、日本の将来を憂い自らの信念を貫いた師の志を受け継ぎ、日本を新時代へと導いた。吉田松陰――彼は今の時代に必要な〝人材育成のプロフェッショナル〟だったに違いない。

吉田松陰の歴史年表

年代	出来事
一八三〇	長州藩士の家に誕生
一八三四	吉田大助の養子になる
一八五〇	九州に遊学
一八五二	通行手形を持たずに東北方面を旅行したため処分を受ける
一八五四	アメリカ密航に失敗し投獄される
一八五五	出獄
一八五七	松下村塾を開塾
一八五八	間部詮勝の暗殺を計画
一八五九	斬刑

"孝"を大事にした偉人の決断

高杉晋作《たかすぎしんさく》が松陰の死後沈黙した理由とは？

放れ牛と評された高杉だったが……

鼻輪も通さぬ放れ牛——気性が激しく奔放な性格だった長州藩士・高杉晋作は、同志たちにこう呼ばれていた。17歳で松下村塾に入門した彼は、やがて「事を議するときにはまず、晋作を呼んで決める」と、吉田松陰にも厚い信頼を寄せられる存在となる。

１８５９年、松陰が処刑された後、門下生たちは次々と尊王攘夷運動に身を投じた。もちろん高杉も尊王攘夷思想の持ち主だったが、どういうわけか運動に参加しなかった。これはなぜだろうか？

エリート教育を受けて育った高杉晋作

父と決別して奇兵隊を結成

1859年3月、高杉の同門・久坂玄瑞《くさかげんずい》の元に彼から一通の手紙が届く。その内容は「父から尊皇攘夷運動に参加することを戒められており、それに背けば不孝になる」というものだった。当時は〝孝〟を説く儒教の考えが一般的で、名門・高杉家の嫡男である彼が強い孝行心を持っていたのは当然である。

1860年、高杉は父の勧めに従って結婚し、藩士として平凡な人生を送ることで両親を安心させようとした。そんな彼の心を突き動かしたのは、長州藩を代表して訪れた上海の光景。アヘン戦争で敗れて以来、欧米列強の植民地と化した街を見て彼は思った。

「このまま幕府に政治を任せては日本も二の舞だ」

帰国するや父と決別した晋作は奇兵隊を結成。長州を倒幕派に統一させたのである。彼の決起の裏には「親不孝」の十字架を背負う「覚悟」があったのである。

高杉晋作の歴史年表

年代	出来事
一八三九	長州藩士・高杉小忠太の長男として誕生
一八五二	明倫館に入門
一八五七	松下村塾に入門
一八五八	江戸へ遊学
一八六〇	山口町奉行井上平右衛門の次女、まさと結婚
一八六二	上海へ渡航、英国公使館焼き討ち
一八六三	奇兵隊を結成
一八六四	功山寺で挙兵
一八六五	高杉家を廃嫡、谷潜蔵に改名
一八六七	肺結核のため死亡

「世を忍ぶ仮の姿」が冒険家なのか？

冒険家・間宮林蔵《まみやりんぞう》は幕府のスパイか⁉

シーボルト事件を密告した林蔵

１８２８年10月、帰国の途についたオランダ商館付きの医師・シーボルトの船から、国外持ち出し禁止の日本地図が見つかる。幕府はこれをスパイ行為と見なし、シーボルトは国外追放。地図を贈った書物奉行の高橋景保《たかはしかげやす》も投獄される。これが「シーボルト事件」だ。

シーボルトが持ち出そうとしたのは、伊能忠敬《いのうただたか》の『大日本沿海輿地全図』。高橋景保は忠敬の師であった高橋至時《よしとき》の息子で、忠敬が死んだあと未完成だった地図の作成を引き継いでいたのである。そして驚くこと

林蔵は、もともと冒険家ではなくスパイだったのか⁉

に、この事件は忠敬の弟子・間宮林蔵《まみやりんぞう》の密告によって発覚したというのだ！

冒険家から幕府のスパイに転身！

かねてより北方の植物に興味を持っていたシーボルトは、林蔵が蝦夷《えぞ》地で採集したという押し葉標本を手に入れるべく彼に手紙を送った。だが林蔵は「外国人との贈答は国禁に触れる」と考え、開封しないまま勘定奉行に提出したのである。これが原因でシーボルトと景保の交流が露見。国禁を犯そうとしたことも発覚してしまうのである。林蔵に対する世間の目は厳しかった。冒険家として名高かった彼の名声は〝大師匠を陥れた卑怯者〟として一気に失墜したのである。

その後、彼は学者の道を捨て、何と幕府の隠密として後半生を送ったという。だが、もしかすると彼はもともと隠密であり、蝦夷地の探検もスパイ活動の一貫だったのかもしれない……。

間宮林蔵を取り巻く人物相関図

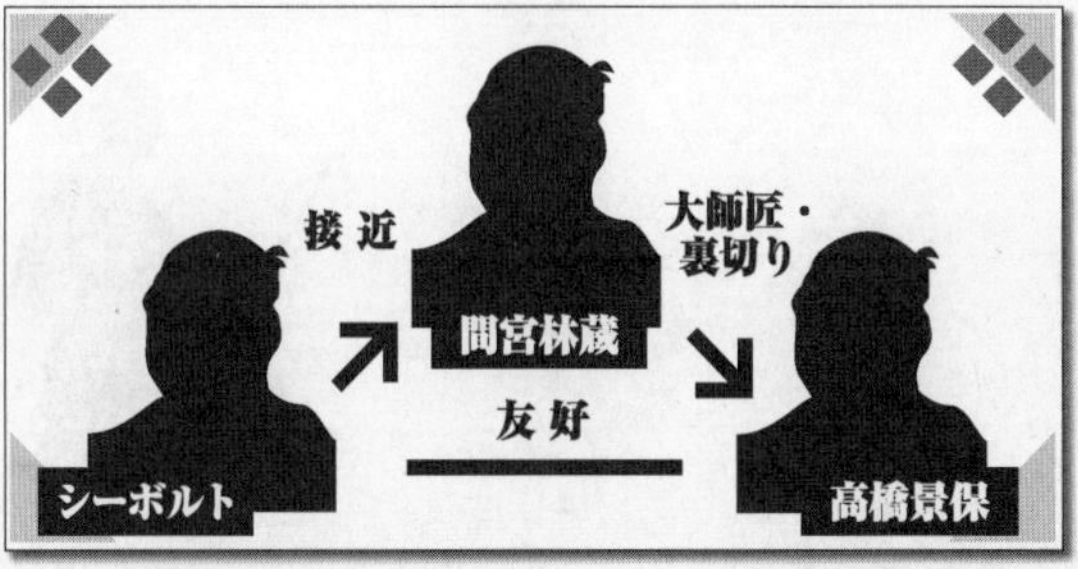

妻の願望が御家騒動に発展！

島津家を揺るがした お由羅《ゆら》騒動の真実

愛され上手な奉公娘

幕末の世において、女性が引き起こした政治的事件の筆頭に挙げられるのがお由羅《ゆら》騒動だろう。

事件の首謀者とされるお由羅の方は、薩摩《さつま》藩邸で奉公していた際に島津斉興《しまづなりおき》に見初《みそ》められ、側室となった人物。ほかの側室と比べて格別寵愛を受けていた彼女は、1824年に正室の弥姫《いよひめ》が死去すると、強大な権力を持つようになった。斉興から溺愛されているという事実は彼女の自信となり、やがて野心へと変わっていった。そして、彼女の思考は自分がお腹を痛めた息

子・久光《ひさみつ》を藩主にしたいという考えまで行き着く。

50人もの藩士が犠牲に……

本来、斉興の後を継ぐのは長兄である斉彬《なりあきら》のはずだったが、お由羅にいい寄られた斉興は、久光を当主にしようと考えるようになった。そんな斉興の考えを察した斉彬派の藩士たちは「斉興隠居・斉彬襲封」に向け動き出す。しかし、そんなことを斉興が許すはずがなかった。彼は何と斉彬派の50名もの藩士に切腹、遠島、謹慎という重い処分を下してしまったのだ。

こうして発生したお由羅騒動は、脱藩した斉彬派の数人が、筑前福岡《ちくぜんふくおか》藩主・黒田長溥《くろだながひろ》に援助を求めたことで、幕府老中の阿部正弘《あべまさひろ》まで出てくる事態に発展。結果としては斉興が隠居し、斉彬が跡を継ぐことになったが、事件の原因がひとりの女性だったなどとは幕府老中でも信じ難い事実だっただろう。当のお由羅はこの騒動に際して何も処罰を受けなかったという。

お由羅のトリビア

呪詛疑惑があった!?

久光の子女が無事に成長していたのに対し、斉彬の子供たちの多くは幼少のうちに死亡していたため、「お由羅の方が斉彬とその子女を呪った」という噂が流れたこともあったという。写真は斉彬。

熾烈なる女の権力争い

大奥最後の女の戦い 瀧山《たきやま》VS実成院《じつじょういん》

家茂の母が御年寄に反抗

陰謀渦巻く女の園・大奥の最後のスキャンダルと呼ばれているのが、御年寄・瀧山《たきやま》の毒殺未遂事件である。

1858年、徳川家茂《とくがわいえもち》が14代将軍職についたとき、筆頭御年寄を務めていたのが瀧山だった。瀧山は12代・家慶《いえよし》の時代から将軍つきの年寄を務めていた大ベテラン。当時の大奥では絶対的な権力を誇っていた。

だが、そんな彼女に素行の悪さで知られていた家茂の母・実成院《じつじょういん》が噛みつく。規律の厳しい大奥で朝から酒を飲んで騒ぎ始めたのだ。瀧山は部下の藤野に命じ

て実成院を咎めさせ、乱痴気騒ぎを収めるが、藤野が病で療養に入ると実成院はやっぱり元通り。仕方がないので瀧山は監督不行届として藤野を叱るが、これが藤野の反感を買う原因となってしまう。

宴の料理に毒を仕込んでいた⁉

1859年、藤野は御年寄一同を招いて宴を開いた。瀧山も機嫌よく参加したが、出された料理を食べた途端、気分が悪くなり高熱で寝込んでしまった。一命は取り留めたが、一時は意識不明にまで陥ったという。

騒ぎの中、大奥ではある噂が飛び交った。それは、実成院が藤野を筆頭年寄にするとそそのかして、毒を盛らせたというものである。藤野にとっても瀧山は煙たい存在だっただけに、一概に嘘とは考えづらい。将軍の生母が関係しているということで大きく公表されることはなかったが、この事件は大奥最後のスキャンダルとして記録に残されることとなった。

瀧山のトリビア

もうひとつの事件

毒殺未遂事件の後、1863年に瀧山の部屋が何者かによって放火される事件が起きている。幸いボヤで済んだが、この騒動も実成院側の女中が起こしたのではないかと噂された

ハリスの〝看護婦要求〟に呼ばれた人気芸者

ハリスが人生を狂わせた芸者の悲哀

〝看護婦〟を知らない幕府は……

日米通商条約《にちべいつうしょうじょうやく》締結のために日本を訪れていた初代アメリカ駐日総領事《ちゅうにちそうりょうじ》タウンゼント・ハリス。彼は慣れない異国暮らしが続いたため持病を悪化させて床に臥《ふ》せてしまう。そこでハリスは通訳を通し看護婦をつけるよう幕府の役人に依頼した。しかし、当時の日本には〝看護婦〟など存在しなかったため、役人たちは「ハリスは女を欲しがっている」と勘違い。こうして連れてこられたのが、下田一の人気芸者であった斎藤きちである。彼女にはすでに婚約者がいたにもかかわらず、

日米通商条約締結のために来日したタウンゼント・ハリス

幕府は条約締結要求の矛先をほかに向けるため、きちを連れていく必要があったのだ。

ハリスのもとに行くため婚約を破棄？

きちは婚約者との仲を半ば無理やり引き裂かれ、ハリスのもとに送りこまれた。だが、当時の日本人は異国の人々によくない偏見を持っていたため、婚約を破棄してハリスの元に行った彼女は世間から冷たい目で見られることに。また、きちがひと月に十両という多額な報酬を得ていたことがさらに世間を騒がせた。

3カ月後、ハリスの病態が回復し、きちは解雇される。彼女はふたたび芸者として町に戻るものの世間からの視線は冷たく、〝唐人（＝外国人）お吉〟と呼ばれるまでになった。その後彼女は酒に溺れ、48歳のとき川に身を投げ、命を絶ったのである。結婚を目の前に幸せを迎えるはずだったきち。彼女の幸せは、国の政略によって奪われてしまったのだ。

ハリスに奪われたきちの一生

年代	出来事
一八四一	尾張国知多郡に生まれる
一八四八	琴や三味線を習いはじめる
一八五五	芸者となり〝お吉〟と名乗り、たちまち人気芸者に
一八五七	ハリスのもとへ送り込まれる 3カ月後、解雇されてふたたび芸者に
一八六八	芸者を辞める
一八七一	髪結業をはじめる 酒に溺れるようになる ふたたび芸者となる
一八七三	小料理屋廃業 物乞いをして暮らすようになる
一八九〇	自殺

学校では教えてくれない
本当の日本史

第四章 江戸

〝お嬢様〟な篤姫《あつひめ》だが実はかなりの床上手!?

「女だらけの領域」大奥での生活ぶり

大奥入りの前の〝お姫様教育〟

08年のNHK大河ドラマ『篤姫《あつひめ》』で主人公として描かれ、大いに注目を浴びた天璋院《てんしょういん》篤姫。彼女の暮らしぶりはいかがなものだったのだろう。

薩摩藩主・島津斉彬《しまづなりあきら》の養女となった篤姫はいずれ御《み》台所《だいどころ》になるという立場から、輿入《こしい》れ前に薩摩の鶴丸《つるまる》城《じょう》で徹底的に〝お姫様教育〟を受けたといわれている。

篤姫はそこで島津家そして徳川家の歴史をはじめ、大奥でのしきたりや行儀作法を学んだ。しかし、そこでの生活はトイレに行くにも女中があとをついてくる

天璋院篤姫。大河ドラマ『篤姫』は高視聴率を記録し、話題となった

などとても自由と呼べるものではなく、篤姫にとっては大変厳しい毎日だったという。

世継ぎのため……教え込まれた性教育

厳しい教育は〝性教育〟でも同じだった。篤姫には〝世継ぎをもうける〟という重要な役割があったのだ。男女の秘戯（＝性行為）を描いた〝枕絵《まくらえ》〟を使い、彼女は徹底した性教育を受けたという。

しかし、実際に篤姫が送り込まれた将軍・家定《いえさだ》は性的不能だったため、子を作ることはできなかった。もし、それを周囲が知っていて子作りが難しい家定との間に世継ぎをもうけろと篤姫を送り込んだのであれば、なんともむごい話である。

だが当時は親の言うことは絶対。いずれ大奥へ入ることへの心がまえということもあり、篤姫は〝大奥教育〟に対して決して弱音を吐くことはなかったという。

それでは、大奥に入ったあとの生活はどうだったのだろ

徳川家定。病弱だった家定は篤姫と結婚してたった１年７カ月で帰らぬ人となった

うか。彼女の生活はだいたい朝7時頃の起床からはじまったというが、彼女は係の者に起こされる前にはかならず自分で起きていたという。

また、起床後には欠かさず朝湯に入っていた。当時は1日おきに入浴することが当たり前だったので、篤姫のように毎日風呂に入るというのはかなり珍しかったようである。さらに、篤姫は1日に5回も着替えをしていたというから、彼女が相当なキレイ好きだったことが窺える。

篤姫の持つ強い精神力

しかし、篤姫は大奥で自由気ままな生活を送れていたわけではない。大奥には厳しいしきたりに加え、〝女だけの領域〟というだけあって嫁姑間の確執や奥女中のいじめなど、違った意味での厳しさもあった。

それでも彼女が大奥での生活を生き抜けたのは、輿入り前の徹底した教育に加え、何よりも彼女自身に芯の強さがあったからだといえるだろう。

篤姫の歴史年表

年代	出来事
一八三六	薩摩（現在の鹿児島県）に生まれる
一八五三	島津《しまづ》斉彬《なりあきら》の養女となる
一八五六	近衛《このえ》忠煕《ただひろ》の養女となり大奥に入る
一八五八	夫・家定が急死
一八六二	家茂《いえもち》の正室として和宮《かずのみや》が大奥へ（この和宮とはのちに和解するも大変険悪な仲だった）
一八六八	戊辰戦争で徳川将軍家は存亡の危機に 江戸城大奥が解散、篤姫は一橋邸へ 新政府に従三位の位階を剥奪される
一八八三	死去

陰謀にまみれた女の一生

夫の愛妾を殺害した大奥の支配者・春日局《かすがのつぼね》

憎らしいあまり、夫の愛妾を殺害

春日局《かすがのつぼね》といえば、3代将軍・徳川家光《とくがわいえみつ》の乳母を務め、大奥の礎を築いた人物として有名である。そんな経歴に負けじと、性格も強く激しいものだったようだ。

春日局は名をお福《ふく》といった。明智光秀の重臣・斎藤《さいとう》利三《としみつ》の娘であったことが災いし、世間の風は冷たかったという。そんな悪評を払拭するため、お福は17歳のときに小早川秀秋《こばやかわひであき》の家臣である稲葉正成《いなばまさなり》の元に嫁ぐ。これで幸せな生活を送れると思いきや、正成は女癖が悪く、浮気してばかり。お福が烈女として目覚めたの

はこのときだった。1604年、突如として正成の愛妾を刺殺し、子供を連れて出奔してしまったのだ。

次期将軍の乳母という栄えある地位

正成の元を離れたお福は、京都所司代《きょうとしょしだい》が江戸城で乳母を募集していることを知り、早速面接を受けることに。公家の教養や過酷な人生を送ってきたたくましさが評価され、見事合格、大奥入りを果たす。

お福は乳母として竹千代《たけちよ》（後の家光）に愛情を注いだ。次期将軍の乳母、それはこれまでの人生では考えられない地位だった。だがそんな中、竹千代に弟・国《くに》松《まつ》が生まれる。将軍・徳川秀忠は国松をたいそうかわいがり、次期将軍の地位が移るとまで噂された。

これはまずい、と感じたお福は実力行使に出る。駿《すん》府《ぷ》城に向かい、徳川家康に直訴したのだ。それからほどなく、家康の口から竹千代を後継者にという指示が下った。お福の作戦は見事成功を収めたのである。

春日局のトリビア

乳母は口出し禁止！

大奥に伝わる慣習のひとつとして、乳母が覆面をして授乳するというものがあるが、これは春日局のような権力を持つ乳母が今後現れないようにと取られた対策だという説もある

大奥最強の女、降臨！

竹千代が3代将軍・家光として将軍職に就くと、お福も春日局と名を改め、江戸城内で権力を振るうようになった。家光には早くから正室の鷹司《たかつかさ》孝子《たかこ》がいたが、ふたりの仲は非常に険悪であり、家光は春日局のいうことしか聞かなかった。男色傾向にあった家光が女に目覚めることができたのも、春日局が率先して側室を連れてきたためだといわれ、もはや大奥内で春日局に反抗できる者は誰ひとりとしていなかった。

一方、後継ぎ争いに敗れた国松は徳川忠長として駿府ほか55万石を領有していたが、さまざまな奇行により1631年、甲斐《かい》国に飛ばされた。さらに甲斐国も没収され、上野《こうずけ》の高崎《たかさき》城に移された翌年、忠長は自害。この騒動も春日局が画策していたのだといわれる。

その後、春日局は1643年に死去。権謀術数に明け暮れた波乱の人生であった。

徳川の3代目に出生の秘密あり?

3代将軍・家光は家康と春日局の隠し子!?

モメにモメた家督相続

徳川2代将軍・秀忠の家督相続をめぐっては、次男・竹千代（家光）と3男・国松（忠長）の間に激しい後継争いがあったことが有名である。どちらも秀忠の正室・小督《おごう》の方の実子でありながら、彼女はなぜか明らかに国松に目をかけ、竹千代を嫌っていた。また、能力や器量といった面でも、弟の国松は竹千代をはるかに上回っていたといわれている。しかし、この争いに決着をつけたのは、大御所・家康の意志だった。徳川政権を盤石のものとするためには、実力本位で後

継者を競うよりも、長幼の順に従うべきであると考えた家康は、「長子相続の制」を優先して、竹千代を次の将軍後継職に決めた。3代将軍・家光の誕生である。

自ら〝2代目〟と名乗った家光

そんな家光が、実は家康と春日局の間に生まれた隠し子ではないかという説がある。小督の方が竹千代を嫌ったのは、自分の手元で育てた国松に対して、竹千代が乳母の春日局に育てられたからだといわれているが、乳母どころか生母だったとすれば、小督の方の態度も合点がいく。また、竹千代は〝お爺ちゃん子〟だったことで有名だが、日光東照宮に伝わる「家光公の御守袋」には、彼の直筆で「二世権現、二世将軍」と書かれている。つまり、実父であるはずの秀忠を差し置いて、自分こそが「2代目」だと名乗っているのだ。春日局が大奥で権勢をふるったのも、「将軍の母」だったからと考えれば、辻褄が合うのである。

家光隠し子説による
徳川家・裏の家系図

本当はいい子だったのかも……

千姫《せんひめ》＝淫乱説は真っ赤な嘘だった!?

ブサイクをフってイケメンゲット？

徳川2代将軍・秀忠とお江与《えよ》の間に生まれた千姫《せんひめ》には、世にも恐ろしい「吉田御殿《よしだごてん》の話」と称される伝説がある。それによると、彼女は夫を失い吉田御殿で過ごしていた頃、通りかかった美男子を呼び止めて弄《もてあそ》び、飽きると井戸に放り込んで殺していたという。

また、千姫には夫との関係に関しても黒い噂が多数存在する。1615年、大坂夏の陣で夫の豊臣秀頼を亡くした千姫は、坂崎直盛《さかざきなおもり》の手によって救出される。このとき徳川家康は直盛と〝もし千姫を救出すれば彼女との結婚を許す〟と約束していたといわれている。

直盛は千姫に結婚を申し出るが、千姫は彼が醜いという理由でこれを拒否。彼女が夫に選んだのは、猛将・本多忠勝《ほんだただかつ》の孫で美男子として名高い本多忠刻《ほんだただとき》だった。

美人はいつの時代も疎まれる

これらのエピソードから、千姫は面食いの淫乱女という烙印《らくいん》を押されてしまっているが、実際は捏造《ねつぞう》によるところが大きいとされている。「吉田御殿の話」は千姫の虜になっていた大工と武士が沼で死体となって発見されたことから生まれた風説であり、確固たる証拠はない。また、家康と直盛が結婚の約束をしていたというのも嘘で、直盛は千姫の嫁ぎ先を探すよう頼まれていただけだったらしい。

なぜこのような噂が生まれたかというと、千姫がお市の方を祖母に持つ美女だったからであろう。美しさはときに身を滅ぼすこともあるのだ。

千姫を読む

『千姫狂乱』
早乙女貢　祥伝社

波乱万丈、千姫の生涯

戦乱の世に翻弄された千姫の人生を豊臣秀頼や坂崎直盛、本多忠刻など関わったさまざまな人物を交えて描いた『千姫狂乱』。ドラマティックな展開に引き込まれること間違いなし

これぞ究極形態!? 女の恨み節

執念深き女・亀姫《かめひめ》 恨みの果てには何が!?

悪女に睨まれた不運な男・正純

家康の正妻の築山殿に負けず劣らず鼻っ柱が強かったといわれる娘の亀姫《かめひめ》にも、なかなかの逸話が揃っている。たとえば、宇都宮《うつのみや》から古河《こが》へ移る際の話。新しい土地に移る場合、原則として家財と奉公人以外のものは元の土地に置いていくものである。だが、一度自分のものになったのに……と考えた亀姫は、庭木一本に至るまで、すべてを持っていこうとしたのである。

しかし、宇都宮を与えられた本多正純《ほんだまさずみ》はその企てを知って憤り、関所を設けてこれを阻止した。亀姫の異

常なまでの物への執着を物語るエピソードだが、この一件で、正純は、亀姫の恨みを買ってしまう。

告げ口で失脚してしまう男の顛末

その結果として亀姫は、正純に関する以下のような内容を、ときの権力者である秀忠に密告した。

①本多正純は幕府に無断で鉄砲を多数鋳造して、宇都宮城に密かに運び入れた。

②秀忠の宿舎である御成御殿《おなりごてん》に妙な構造がある。

③その普請に携わった足軽同心たちのうちで、その後、斬殺されたものが少なくないのは、正純があらかじめ口を封じようとしたためではないか。

④宇都宮城二の丸と三の丸の修築許可を求めながら、石垣をも改築したのはどういうわけか。

　これを聞いた秀忠はすぐさま、正純の10万石から1000石への減封を決定してしまう。亀姫の恨みを買ってのこの仕打ち。いとおそろしやである。

亀姫の言葉

城の普請に不審がある

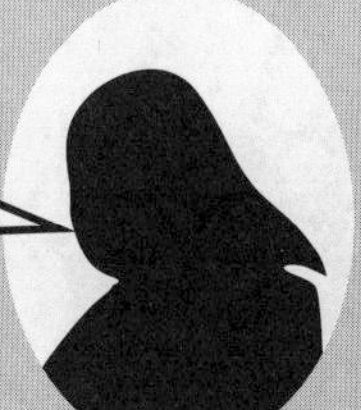

この発言がもとで、正純は失脚することになる。いわゆる「釣天井事件」と呼ばれるが、事実無根だったという

危うく堕胎されるところだった!?

邪魔者扱いされていた水戸黄門こと水戸《みと》光圀《みつくに》

無責任な父親・頼房

テレビドラマ『水戸黄門』で知られる、歴史的有名人物・水戸光圀《みとみつくに》。彼は1628年6月10日、水戸城下の三木之次《みきゆきつぐ》の屋敷に生まれた。生みの母は水戸家の祖である頼房《よりふさ》の側室・久子。だが、久子が光圀を身ごもったとき、実は父親である頼房はまったく祝福しなかったという。祝福しないどころか、頼房は父親の立場でありながら「すぐに水子に致せ」と久子に堕胎を命じたとか。とんだろくでなしだ。

実は、7年前にも同じことがあった。光圀の兄、頼《より》

長子となり、水戸藩を継ぐことになった水戸光圀

重《しげ》懐妊のときである。頼房はそのときも堕《お》ろすように命じていたという。彼は子供を授かっては何か〝マズい〟ことでもあったのだろうか。

改易の嵐が吹き荒れる厳しい時代

　頼房が久子の懐妊を喜ばなかったのには、水戸家の立場が深く関係していた。

　当時、世間では譜《ふ》代《だい》も外様《とざま》も関係なしに改易が相次いでいた。そんな中、御三家の中でも一番末に位置していた水戸家が兄たちより先に子供を授かることは許されることではなかった。ところが、頼房の一番恐れていた事態、つまり兄たちよりも先に、さらには将軍・家光よりも先に子供をもうけてしまったのである。

　頼房に見放された久子は、頼房の乳母であるお武佐の義兄・三木之次の元へ相談に向かう。三木は久子をすぐに宿下がりさせ、主命に背いて密かに邸内で出産させたという。その後、兄らが子供をもうけたことで

水戸光圀の歴史年表

年代	出来事
一六二八	徳川頼房の三男として生まれる
一六三二	水戸城に入城
一六三三	世子に決定
一六五四	結婚
一六五七	『大日本史』の編纂作業に着手
一六六一	28万石の2代水戸藩主に
一六九〇	隠居
一六九四	藤井紋太夫を刺殺
一七〇一	食道癌のため死去

堂々と子を持つことができるようになった頼房。いざ、自分の子供の数を確認してみると、なんと頼房には7人もの息子がいることが発覚したとか。だが、男児がひとりもいない兄たちを気遣い、頼房は長男・頼重を庶長子とし、光圀を長子として登録、水戸藩は必然的に光圀が受け継ぐことになったという。

父親には邪魔者扱いされたが……

父親によって運命を定められた光圀は、もし久子が頼房の〝堕胎命令〟を受け入れていたら、生まれることすらなかったかもしれない。

ちなみに光圀はかなりのグルメで知られ、ラーメン、餃子、チーズなどを初めて口にした日本人だといわれている。もし光圀がいなかったら、今の私たちにそれらの食文化はなかったかもしれない。出生を父親には感謝されなかった光圀だが、彼の出生を感謝しなくてはならないのは我々現代人かもしれない。

将軍以上の発言力を持った晩年

余談ではあるが、光圀はこの後「徳川家の長老」という立場で幕府にも多大な影響力を持つことになる。特に強い影響力を誇示したのは、「生類憐れみの令」で知られる5代将軍・綱吉のころだった。

前述したように食通でならした光圀は、ありとあらゆる〝美味なるもの〟を口にした。その興味の対象に牛や豚などの肉類が含まれていたことはいうまでもないだろう。だが、一般的には肉食が忌避されていた時代のこと。そんなものを食べれば、将軍の怒りを買うことは明白だ。にもかかわらず、光圀は平然と牛肉から豚肉、羊肉までお構いなしに食べまくったという。さらには、野犬を捕らえてその皮を綱吉に献上したというのだから、立場の強さが窺えるというものだ。

生まれたときこそ邪魔者扱いされた光圀だが、その生涯は実に悠々としたものだったといえるだろう。

〝鼻毛大名〟と呼ばれたバカ殿の悲哀

100万石を守った前田《まえだ》利常《としつね》の努力とは？

大名の謀反を恐れた将軍家

真っ白な顔に太い眉、赤い口紅に高く結った髷《まげ》……志村けんが演じる〝バカ殿〟の特徴だ。そんな外見ではないものの、江戸時代には実際に〝バカ殿〟と呼ばれる外様《とざま》大名がいた。100万石という外様大名最大の領土を誇っていた前田利常《まえだとしつね》だ。彼は、領土を守るため必死に〝バカ殿〟を演じ続けたのだ。

当時、高い石高を持つ外様大名の謀反《むほん》を恐れた幕府は、些細なことで減封《げんぽう》や改易《かいえき》を申し渡していた。その犠牲となったのが福島正則《ふくしままさのり》や加藤忠広《かとうただひろ》などの豊臣恩顧《おんこ》の大名たち。そして幕府が次なるターゲットとして狙ったのが100万石の石高を誇る前田家だった。

そこで利常が将軍家から警戒されないためにとった対抗策、それがバカ殿を演じるというものだったのだ。

家臣も見破れなかった利常の演技

利常は〝前田家には謀反は無理〟と思わせるためにまず鼻毛を伸ばした。さらに彼は常に口を半開きにして、服装も崩れた状態にし、必死に愚君を装ったのだ。

利常の怪演はそれだけでは終わらない。病で江戸城出仕をしばらく休んだあと、酒井《さかい》忠勝《ただかつ》に〝気ままなことで〟と皮肉をいわれたため、〝ココが痛くて〟と性器を見せつけて弁解したとか。

利常の〝バカ殿っぷり〟は見事で、それを演技と見破れなかった家臣たちは困り果てていた。だが、それが利常の領土を守るための演技だと知ると、彼らは殿様の才知に多いに感嘆したという。

〝バカ殿〟前田利常の生涯

年代	出来事
一五九四	前田《まえだ》利家《としいえ》の4男として生まれる
一六〇一	兄・利長の後継者となる
一六〇五	利長の隠居にともない前田氏を継ぎ、藩主となる
一六一四	右近衛《うこのえ》権少将《ごんしょうしょう》に転任
一六一五	参議補任
一六二九	肥前守に遷任
一六三九	47歳で隠居
一六五八	66歳にて死去

よってたかって撲殺された佐々木小次郎

武蔵《むさし》と小次郎《こじろう》は本当に戦ったのか？

佐々木小次郎は架空の人物？

1612年4月13日、山口県・巌流島《がんりゅうじま》で宮本武蔵《みやもとむさし》と佐々木小次郎《ささきこじろう》は対峙した。だが、この決闘は存在自体が疑問視されており、小次郎の素性も定かでない。伝記『二天記』によると、小次郎は中条流の使い手・富田勢源《とだせいげん》の弟子だったという。

当時、多くの兵法家は「扱いやすい」という理由で2尺3寸ほどの刀を使ったのだが、小次郎は一般的な刀より長い3尺ほどの大太刀を用いた。「物干竿」だ。かの有名な巌流島での決闘についてだが、実際問題

宮本武蔵と佐々木小次郎は本当に決闘したのか!?

として信頼できる史料からその有無を確認することはできない。しかも、その経緯については諸説あるのだ。

「巌流島の決闘」の別伝とは……

一対一の真剣勝負で行なわれたというこの決闘だが、驚くなかれ、実は「武蔵はその約束を破って弟子を数人連れてきた」という説がある。

決闘自体は一対一で行なわれ、小次郎が敗北。気絶した彼を、何と岩陰に潜んでいた武蔵の弟子たちが大勢で打ち殺したというのだ。

また決闘時の小次郎の歳は『二天記』に18だと記されているが、彼が生前の勢源と出会うには決闘時に最低でも50歳以上、直弟子であればさらに上としか考えられない。一説には70歳を超えていたとも……。

「一対一の真剣勝負」という条件を守った小次郎とそれを破った武蔵……それが事実ならば、当時の人々が小次郎に同情的だったというのも納得できる話である。

因縁の対決！
人物関係図

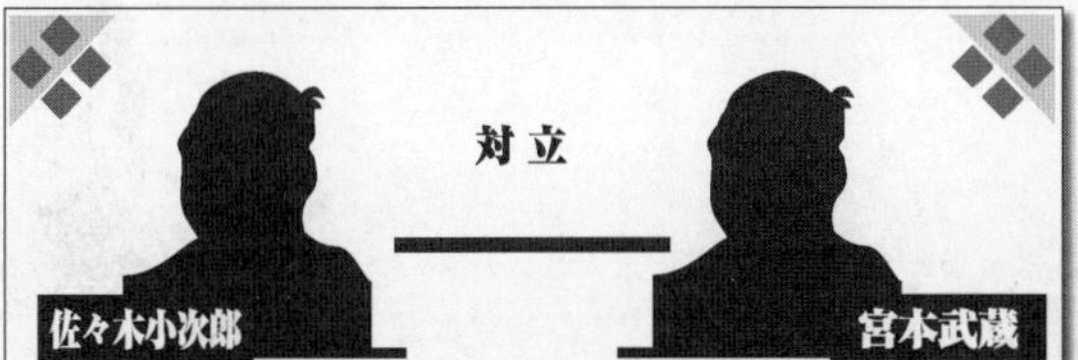

病気？　暗殺？　謎に包まれた将軍の最期

犬公方《いぬくぼう》に下した妻・信子《のぶこ》の決断とは？

綱吉の謎に包まれた最期

「生類憐みの令」で知られる犬公方《いぬくぼう》こと徳川綱吉の最期は、謎に包まれている。公式発表では病死とされているのだが、それにしては不審な点が多く、怪しいことこの上ない。そんな綱吉の死の真相のカギを握っているのが、正妻の鷹司信子《たかつかさのぶこ》のようなのである。

綱吉は晩年、麻疹《はしか》を患っていたといわれている。当時は麻疹が流行していたのだが、綱吉は運良く回復の儀式を行なえるほど、快方に向かっていた。しかしその矢先、突然意識不明になり、そのまま帰らぬ人となっ

たといわれている。快方に向かっていたとされている中での突然の知らせに、周囲は戸惑いを隠せなかったらしい。

幽霊伝説まで残した信子の死

そしてその1カ月後、これも流行していた疱瘡《ほうそう》によって妻の信子が亡くなったと発表される。しかしこれがどうも怪しい。ここに噂が立つ。つまり、信子が亡くなったのは綱吉と同日なのに、それを遅らせて発表したのではないか、というものだ。なぜなら、綱吉には世継ぎがおらず、にもかかわらず衆道に熱を上げていたため、信子がそれに耐え切れなくなって、綱吉を暗殺して自分も腹を切った、と考えてもおかしくない状況だったからだ。

大奥には「宇治の間」という開かずの間があった。そこで信子が綱吉を刺殺したといわれ、彼女の幽霊が出ると、まことしやかにささやかれていたらしい。

知っておきたい用語集

麻疹

発熱、発疹を主症状とする急性の感染症。かつては感染者が死に至ることも少なくはなかった。国内では2006～2008年に流行。麻疹排除に向けた対策が制定された

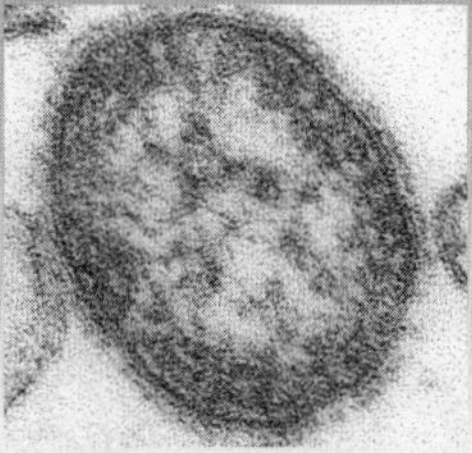

暴れん坊将軍はなぜトップまで上り詰められたのか

吉宗《よしむね》将軍就任には〝裏〟があった!?

極めて優秀な将軍だった吉宗

破綻しかけていた幕府財政を再建したことから「江戸幕府中興の祖」と称えられ、松平健《まつだいらけん》が演じたドラマ『暴れん坊将軍』の主人公としてもおなじみの8代将軍・徳川吉宗《とくがわよしむね》。その評価は15代続く徳川将軍の中でも屈指で、享保《きょうほう》の改革の断行、目安箱の設置、米相場の安定など、なした改革がことごとく成功していることからも、その優秀さがうかがえる。

だが、そのあまりにも〝幸運〟な生い立ちに、ひとつの疑惑がささやかれているのだ。

吉宗を取り巻く不自然な死のウワサ

其ノ一

1705年、紀州藩第3代藩主だった長兄・徳川綱教が死去

吉宗が〝幸運〟だった本当の理由

吉宗は御三家の紀州藩《きしゅうはん》第2代藩主・徳川光貞《とくがわみつさだ》の四男として生まれた。ここから彼のサクセスストーリーが始まる。14歳で第5代将軍・徳川綱吉《とくがわつなよし》に拝謁すると、越前国丹生郡《えちぜんのくににぶぐん》に3万石を与えられ、一躍大名に。さらに長兄・徳川綱教《つなのり》が死去すると、1年も経たず父・光貞《みつさだ》、次兄・徳川頼職《よりもと》が相次いで病死したため、22歳で紀州藩主に。ラッキーにもほどがある。

幸運はまだ続く。7代将軍・家継《いえつぐ》がわずか8歳で亡くなり、天英院《てんえいいん》の後押しもあって「家康に一番血統が近いから」と将軍の座まで転がり込んできたのだ。

吉宗が優秀だったことに異論はない。だとすれば、彼を重要なポストに就けるべく暗躍する側近がいたとしても、何ら不思議ではないだろう。だとすれば、その者たちの判断は見事だ。何しろ吉宗は、破綻寸前まで追い詰められた幕府を見事に立て直したのだから。

其ノ二

◀ 同じく1705年、長兄の死の直後に父・光貞が病死

其ノ三

◀ また同じく1705年、次兄・徳川頼職が病死する

其ノ四

◀ 1716年、7代将軍・徳川家継がわずか8歳で亡くなる

女心をガッチリ掴んだ8代将軍

大奥の美女ばかりをリストラした徳川《とくがわ》吉宗《よしむね》

強大な権力を持ち合わせていた大奥

吉宗が将軍就任とともにまず断行したのが大奥の統制である。

この目的は、膨大にふくれあがった大奥の経費削減を行なうことにあった。当時、大奥には巨額の人件費と服飾費がかかっていたためである。そのため、吉宗は800人から1000人ほどいた大奥の人員削減をすることとなる。

しかし、当時の大奥の勢力といえば政治にも影響を与えるほど強大なもの。もしリストラなど口にしよう

女たちの反発を受けることなく大奥の大量リストラに成功した徳川吉宗

ものなら、いくら吉宗が将軍とはいえ側室や将軍の実母、正室など強い権力を持つ大奥から反発を喰らうに違いない。

全力で逆襲されれば将軍職の地位すら危うくなるかもしれないのだ。

大奥内は側室選びに大騒ぎ！

大奥の勢力を恐れた吉宗は、なんとかして彼女らの怒りを買わないようにリストラすることはできないかと考えた。そこで吉宗が出した答えが〝美人だけをリストラする〟という作戦だ。

吉宗はまず、奥女中の中から美人といわれる者を50名ほどリストアップせよと要求。それを聞いた大奥の女たちは大騒ぎ！　それもそのはず、彼女らは吉宗からのその要求を〝将軍様の側室選び〟と勘違いしたのだ。当時、出世するための一番の近道は将軍から寵愛を受けることだったのである。そのため、側室選びと

徳川吉宗の生涯年表

年代	出来事
一六八四	徳川《とくがわ》光貞《みつさだ》の四男として生まれる
一六九七	5代将軍・徳川《とくがわ》綱吉《つなよし》に拝謁 葛野藩主となる
一七〇五	紀州藩第5代藩主に就任する
一七一〇	藩政改革に着手
一七一六	八代将軍に就任 享保の改革を断行
一七四五	将軍職を退く
一七五一	死去

なれば大奥中が騒ぎとなるのも無理もない。彼女たちは胸を高鳴らせながら、大奥の〝美人リスト〟を吉宗に提出した。

吉宗の策略に奥女中もお手上げ

しかし、それを受け取った吉宗の口からいい渡されたのは、その美人たち50名の解雇処分だったのである。側室選びだと期待していただけに、女たちのショックは大きかった。吉宗は女たちに理由を問い詰められるとこういった。

「美人なら大奥を出ても良縁も多いはず。だが、美人でない人はなかなか嫁のもらい手がいないものだ。だから美人は解雇して、不美人は大奥に置いておく!」

リストラされた女たちはこれを聞いて嬉しいやら悲しいやらで、怒るにも怒れなくなったとか。

女心をうまく利用した吉宗のほうが、一枚上手だったようだ。

吉宗以上に強かった大奥上層部

こうしてうまく女中のリストラに成功した吉宗だったが、実のところ、大奥上層部の経費削減には手がつけられなかったという。

それというのも、吉宗を将軍に指名してくれたのが何を隠そう大奥のトップに立っていた天英院だったからだ。天英院に頭が上がらなかった吉宗は彼女に年間1万2000両もの報酬を与え、さらに天英院と敵対していた月光院に居所として吹上御殿を建設。さらに年間1万両の報酬を与えるなど、女中の数を削減する以外には何もできなかったのである。

さまざまな改革を断行し、後の世では「暴れん坊将軍」なる異名をつけられるなど〝革命家〟的なイメージの強い吉宗。そんな彼でも女の園に土足で入り込むようなマネはできなかったわけだ。大奥が幕府解体まで滅びることなく続いたのもうなずけるだろう。

次々と話は大袈裟となっていき……

江戸の名裁判官伝説 大岡裁きは作り話!?

江戸時代から語り継がれる大岡政談

時代劇ファンにも高い人気を誇る名奉行、名裁判官として知られる大岡越前守忠相《おおおかえちぜんのかみただすけ》。大岡の人情味あふれる見事な裁きは評判を呼び、それらは後世に〝大岡政談〟あるいは〝大岡裁き〟として伝えられている。

彼が裁いたとされる事件は「白子屋《しらこや》お熊」「しばられ地蔵」「三方一両損」など数知れず。しかし、それらのほとんどが後世に何者かによって作り上げられた話であるというのだ。

実は元文年間をすぎて間もなく、大岡の名奉行ぶり

を「大岡仁政談」として庶民に広めた人物がいた。講釈師の森川馬谷《ばこく》である。

はじまりは講釈師の読み聞かせ

彼は講釈師として脚色を加えながら庶民に大岡の名奉行ぶりを読み聞かせたところ、明るい気性の江戸っ子たちに大ウケ！　この噂を聞きつけた作家たちは次々と大岡政談を創り出しては競い合うようによりおもしろい話へと変えていったという。中には、ほかの裁判話を大岡の話に書き換えたり、中国の小説の内容を取り入れたりすることもあったとか。事実、大岡政談のひとつ「しばられ地蔵」は中国の〝包公案《ほうこうあん》〟に、「実母継母《じつぼけいぼ》の子供話」は〝棠陰比事《とういんひじ》〟という中国の本に載っているものそっくりだ。だが、これほどまでにも大岡が過大評価されるようになったのは、彼にそれだけの人徳があった証拠だろう。彼に庶民を魅了させる〝華〟があったことは間違いなさそうだ。

大岡忠相の言葉

下情に通じざれば、裁きは曲がる

決して権力にこびることなく、正義感を持って裁いていった大岡。庶民から愛され続けた名裁判官ぶりが感じられる言葉だ

日本史上最大の大火災!!

"明暦《めいれき》の大火"は老中《ろうじゅう》家の失火が原因!?

大火災の原因は放火？ それとも失火？

1657年、江戸で大火災が発生した。のちに"明《めい》暦《れき》の大火《たいか》"と呼ばれるこの火災は、本妙寺《ほんみょうじ》をはじめ3カ所で断続的に発生。町は焼け野が原へと変わり果て、何万という命が奪われた。だが、火災の真相は300年以上経過した今でも明らかになっていない。

出火原因についてはさまざまな説が取り沙汰されてきた。たとえばこんな説がある。「亡くなった娘の振袖を供養しようと本妙寺の和尚が火に投げ込んだところ、振袖が本堂に入り込んで大火災へ発展した」とい

う本妙寺失火説。また、「幕府が江戸の都市計画をスムーズに進めるために、邪魔な建造物を故意に〝焼き払った〟」という幕府放火説などだ。

本妙寺は濡れ衣を着せられた？

そして最近、新たに浮上したのが老中・阿部忠秋《あべただあき》による失火説だ。阿部は火災が起きてから毎年本妙寺に〝大火の供養料〟として米10俵を送っていた。供養のための回向院がすでに建てられたのに、だ。これはいかにも怪しい。阿部家は本妙寺の近くにあった。もし老中である阿部が失火したとなれば、幕府の名誉・信用はガタ落ちだ。そこで本妙寺が身代わりを引き受け、その罪を償う意味で阿部は本妙寺に米を送り続けた……というわけだ。

江戸の町を一変させ、歴史をも揺るがした明暦の大火。これが幕府の失態によるものだとは、当時の人々には思いもよらなかったに違いない。

世界三大火災

ロンドン大火	ローマ大火	明暦の大火
1666年にロンドンで発生。ロンドン市内の家屋85％が焼失	西暦64年にローマで発生。市内のほとんどを焼き尽くした	日本史上最大の火災。死者は、3万とも10万ともいわれている

一途過ぎたその愛の結末に涙

男のために火事を起こした八百屋《やおや》お七《しち》

最愛の人に会うため、お七は考えた

ある側面においては悪党であっても、違う側面から考えると命の恩人であったりするケース、というのは少なくない。義賊と呼ばれた石川五右衛門《いしかわごえもん》も、ある側面から考えれば大泥棒にほかならないが、そこで得られた金銭によって助けられた人々にとっては、命を助けてくれた恩人ということになる。八百屋《やおや》お七《しち》という女性も、一面においては、放火を行なったゆえに死罪を被った罪人であるが、別の側面においては、一途な、あまりにも一途だったために、不幸な生涯を送らねば

ならなかった人物のひとりであるといえよう。

お七は恋をしていた。相手は、火事がきっかけで知り合った男・佐兵衛《さへえ》である。お七は彼に夢中だったが、佐兵衛のいた土地には新しく家が建つことが決まり、引っ越してしまうこととなる。お七は考えた。どうすればまた彼に会えるだろうか、と。

お七の結論は、人々の心を動かした

お七は結論づけた。もしこの新しい家がなくなれば佐兵衛が戻ってくるのではないか。そしてお七は、放火をしてしまう。わずか16歳であったが、放火の罪は重く、死罪を被ることになってしまうのであった。

この悲恋の物語は、後に井原西鶴《いはらさいかく》によって劇化され、歌舞伎にもなり、現代でもよく知られたエピソードとなっている。若き女性が、あまりにも一途であったがゆえに生まれたこの物語は、現代の我々にとっても、いまだリアルなものとして受け入れられているのだ。

八百屋お七を読む

愛と憎のめくるめく世界

井原西鶴の『好色五人女』の中で、お七の物語は取り上げられている。発表当時から、かなりの評判だったらしく、時代を問わず人々がラブストーリーを好んでいたことがわかる

『新版 好色五人女 現代語訳付き』井原西鶴　角川学芸出版

すべての歌はカモフラージュだった?

松尾芭蕉《まつおばしょう》の正体は忍者だった!

忍者の里・伊賀上野出身の俳人

今や定説となりつつある「芭蕉＝忍者」説。俳諧師・松尾芭蕉《まつおばしょう》が、実は忍者だったというものだ。

芭蕉の生まれは「忍者の里」伊賀上野で、父・松尾与左衛門《よざえもん》の旧姓は伊賀忍者の血を引く柘植《つげ》氏、母もまた伊賀忍者の名家・桃地《ももち》氏の一族であった。

ちなみに当時、姓を名乗れるのは武士と一部豪農のみ。ただの百姓なら芭蕉は姓を名乗れないが、伊賀の忍者は百姓でも姓を名乗ることが許されていたのだ。「芭蕉＝忍者説」を裏づけるもっとも大きな根拠が、

スパイだった!?
松尾芭蕉

彼の旅行記『奥の細道』にある。彼の移動スピードに注目しよう。総移動距離は約２４００キロで、彼は約１５０日で移動している。計算すると、実に１日平均15キロを徒歩で歩き続けたことになるのだ。彼がこの頃46歳だったことを考えれば、その数字がいかに超人的であるかがうかがえるだろう。

『奥の細道』に見られる矛盾点

また、旅の日程も異様だ。というのも、出発前に彼が「松島の月まづ心にかかりて」と詠んでいた日本三大名所・松島を素通りして、仙台藩の重要拠点である石巻《いしまき》港や瑞巌寺《ずいがんじ》を見に行っているのだ。仙台藩は外様の中でも特に強大な勢力を誇っており、幕府が警戒を続けていた雄藩。幕府は、創作活動を名目として芭蕉を仙台藩の偵察に行かせたのではないか。偵察であることを隠すため、カモフラージュとして書かれた紀行文こそ『奥の細道』だったのかもしれない。

松尾芭蕉 忍者の疑惑

其ノ一
忍者の里として知られる伊賀国の出身。農民階級にもかかわらず、姓を持つ

其ノ二
多大な旅費がかかるのに頻繁に旅行に行っている。旅費はどうやって工面したのか？

其ノ三
「奥の細道」に見られる移動スピードが超人的。日程にも異常な点が見られる

赤穂四十七士とはいわれるものの……

実は赤穂浪士《あこうろうし》は46人しかいなかった!?

常識とされてきた四十七士説

1702年、赤穂浪士《あこうろうし》が江戸本所松坂《ほんじょまつざか》町にある吉良邸に討ち入り、主君に代わって吉良上野介《きらこうずけのすけ》を討ち果たしたのちに、幕命によって切腹した〝元禄赤穂事件〟。それに加わった赤穂浪士は小説や芝居などで〝赤穂四十七士〟として取り上げられ、47なのが当たり前とされてきた。だが実のところ人数は明確ではなく、四十六士説も存在するのだ。

そもそも四十七士説は人形浄瑠璃《じょうるり》などで代表的演目となっている「仮名手本忠臣蔵《かなでほんちゅうしんぐら》」がもとになって

いる。しかし、この中の47という数は〝いろは仮名〟の47文字に掛けたもので、実際に事件に四十七士が関わっていたから……というわけではなさそうだ。

キーマンは寺坂吉右衛門という男

ふたつの説のどちらが正しいかの謎を解くカギは、赤穂浪士のひとり・寺坂吉《てらさかきち》右衛門《えもん》という人物が握っていた。彼が討ち入りに加わっていれば47名になるのだが、事件のあと幕命によって切腹させられた人数は46名。これは吉右衛門ひとりだけが切腹させられていないからだ。ここが両説の分岐点になる。

これについては、これまでにさまざまな意見がとり沙汰されてきた。吉右衛門は討ち入り直前に逃亡したという説、討ち入り直後に上司からの密命で主君の未亡人のもとに報告に走ったという説、直前に義士から外されたという説……しかしどれが正しいかはわかっていない。真相はいまだ藪の中である。

元禄赤穂浪士事件の流れ

其ノ一
赤穂藩藩主・浅野《あさの》内匠頭《たくみのかみ》長矩《ながのり》が吉良上野介義央を討とうとするが失敗。浅野は切腹処分となる

▶

其ノ二
浅野の遺臣である赤穂浪士たちが、主君の仇をとろうと吉良を襲撃。討ち果たすことに成功

▶

其ノ三
吉良の首を浅野の墓前に捧げたあと、赤穂浪士らは全員幕命によって切腹した

天下無双の雷電《らいでん》が横綱になり損ねた理由

〝史上最強の力士〟がなぜ大関のままなのか

◆現役時代の勝率は9割以上

相撲史の中でも〝史上最強の力士〟とうたわれる雷《らい》電《でん》為右衛門《ためえもん》。彼が相撲界に現われたのは１７９０年、23歳のときだった。雷電はデビューからたった5年で大関に昇進し、それから21年間、35場所にわたって相撲をとった。その間、彼の成績は２８５戦中２５４勝、勝率は9割6分2厘！　しかし奇妙なことに、これだけ強かったにもかかわらず、彼は大関にはなれても横綱になることはなかったのだ。いったいなぜ、史上最強の力士が横綱になれなかったのだろう。

大名の私情で横綱になれなかった雷電

その答えは、雷電の置かれた立場にあった。当時、相撲取りといえば、大名たちの〝お抱え力士〟が常識だった。〝お抱え力士〟とは藩主に召し抱えられる力士たちのことで、大名はそれらを嗜好のひとつとして楽しむことがあった。大名らは競って強い力士を召し抱えようとしていたという。

雷電もまた、お抱え力士のひとり。彼は松江藩の譜《ふ》代《だい》大名松平氏に召し抱えられていた。だが、当時横綱の免許を与えていたのは松平氏と対立関係にあった熊本藩の細川氏の家臣・吉田司家《よしだつかさけ》。松平氏はライバルの細川氏に横綱の申し入れをするために頭を下げるわけにはいかなかった……というわけだ。

雷電は〝史上最強の関取〟といわれながらも、大名の勝手な私情によって横綱への道を断たれてしまったのである。

雷電の横綱昇進を巡る 人物相関図

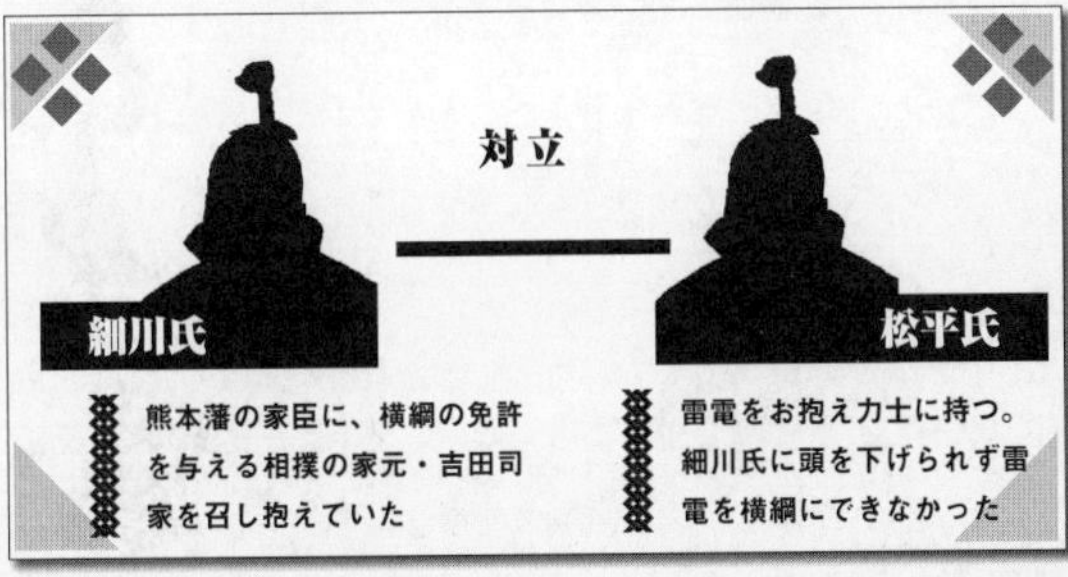
松平氏
対立
細川氏
雷電をお抱え力士に持つ。細川氏に頭を下げられず雷電を横綱にできなかった
熊本藩の家臣に、横綱の免許を与える相撲の家元・吉田司家を召し抱えていた

江戸幕府が始まって以来の一大情事

江島《えじま》は淫婦にあらず!? 江島生島《えじまいくしま》事件の真実

吉原で育ったとの噂もあるが……

1714年2月に起きた江島生島《えじまいくしま》事件。大奥内でもっとも政治的権力を持つ御年寄《おとしより》の立場にあった江島《えじま》が歌舞伎役者の生島新五郎《いくしましんごろう》と密会していたことが明らかになった、大奥史上最大のスキャンダルである。

江島は少女の頃に吉原に売られ、遊女として活躍していたという噂もあったため、この事件は情欲に溺れた江島の失態として大きく喧伝されることになったが、この事件の背後にはある陰謀が絡んでいた。それは大奥および幕閣での熾烈な権力争いである。

権力抗争に巻き込まれた!?

1713年、徳川家継《とくがわいえつぐ》が将軍の座に就いたのをきっかけに幕閣はふたつの勢力に分かれることとなった。ひとつは前将軍である家宣《いえのぶ》の正室・天英院《てんえいいん》を中心とする旧勢力。もうひとつは家継の生母・月光院《げっこういん》を中心とする家継側近派である。この事件が起きるまでは家継側近派のほうが強い勢力を持っていたという。

だが、事件の渦中に月光院の右腕的存在だった江島がいたために、家継側近派の地位は失墜。風紀を乱したとして窮地に追い込まれることとなった。一方、旧勢力はこの一件で勢力を盛り返し、事件の2年後には天英院が推していた徳川吉宗《とくがわよしむね》が将軍となるに至った。

事件後の政局から、事件は天英院が月光院から地位を奪い取るためにでっちあげたのではないかといわれている。淫婦扱いされた江島だが、実際は権力争いに巻き込まれただけだったのかもしれない。

人生を狂わされた者たち

生島新五郎

江戸時代中期の人気歌舞伎役者。1714年、江島生島事件により糾弾され、三宅島へ遠島の刑に処される。1742年に徳川吉宗により赦免され江戸に戻るが、翌年死去。享年73

小説では人気者の平蔵だが……

"鬼平"長谷川平蔵《はせがわへいぞう》は幕府の窓際族だった!?

凶悪犯の逮捕で勇名を馳せる

池波正太郎《いけなみしょうたろう》の小説「鬼平犯科帳《おにへいはんかちょう》」の主人公としておなじみの長谷川平蔵《はせがわへいぞう》。42歳で火付盗賊改方《ひつけとうぞくあらためかた》の長官に任命され、凶悪犯逮捕で名を馳せた人物だ。

関八州の大泥棒・神道徳次郎《しんとうとくじろう》を一網打尽にしたのも、江戸で強盗と婦女暴行を繰り返し恐れられていた葵《あおい》小《こ》僧《ぞう》を捕縛したのも平蔵。逮捕からたった3日で処刑するなど被害者の気持ちを配慮することも忘れなかった。このような平蔵の的確かつ人情味あふれる仕事ぶりはたちまち庶民からの高い評判を得ることとなる。

しかし、庶民からは人気の高かった平蔵だったが、幕府内での評判はどうもパッとしなかったようだ。

有能すぎて嫉妬を買った？

ときの老中首座・松平定信《まつだいらさだのぶ》による寛政《かんせい》の改革のまっただ中、平蔵は人足寄場《にんそくよせば》の建設を立案。公金を銭相場に投機して資金を得ようとする。しかし、この手法が定信が毛嫌いしていた田沼意次《たぬまおきつぐ》を思い起こさせるものだったため、功績は挙げたものの定信からの信頼は得られずじまい。また、庶民からの人気ぶりをおもしろく思わない幕閣や同僚からも不興を買ってしまう。結果、平蔵は働きに見合った出世もできないまま、8年間勤め上げた火付盗賊改方《ひつけとうぞくあらためかた》の御役御免《おやくごめん》を申し出る。さらにその後まもなく、50歳という若さで病没した。

有能で人気があったために嫌われてしまった長谷川平蔵。彼の晩年は、小説に描かれたような華々しい姿からは掛け離れた、大変寂しいものだったのだ。

知っておきたい用語集

火付盗賊改方

江戸幕府の職名。放火、盗賊などの取り締まりや検挙にあたった職名。また、賭博も取り締まった

人足寄場

江戸幕府が設置した犯罪者の収容と更正を目的とした自立支援施設。正式名称は加役方人足寄場

田沼意次

遠江相良の城主。老中として幕政の実権を掌握。経済政策を進めるものの賄賂政治が横行、のちに失脚した

貧民救済に立ち上がった英雄の裏の顔

大塩平八郎《おおしおへいはちろう》の乱は私憤だった！

大坂に迫る大飢饉の危機

天保の大飢饉後、大坂では米不足が深刻化していた。だが、町奉行は対策を練るどころか家慶《いえよし》の将軍就任の儀式のため江戸に米を廻送。さらに豪商が米の買い占めを図ったために米価は驚くほどに値上がりしていく一方だった。これに黙っていなかったのが大坂町奉行所元与力《よりき》の大塩平八郎《おおしおへいはちろう》だ。彼は民衆を引き連れ、貧民救済を目標に武装蜂起を決意。その訴えに３００人もの農民や民衆らが集まり、家財を売却してまで大砲や爆弾をそろえ、家族と離縁して合戦に備えていた。そ

大塩平八郎の乱の流れ

其ノ一

1837年2月19日
大塩平八郎を中心にして、総勢300人もの反乱軍で挙兵

してついに〝大塩平八郎の乱〟を起こしたのである。

大塩は民衆を騙して挙兵した⁉

このように大塩による挙兵は〝貧民救済〟が目的とされてきた。だが、本当の理由は民衆を助けるためだけではなかったという。

大塩はもともと町奉行・高井実徳《たかいさねのり》の下で与力を務めていたが、高井の引退が決まると大塩も引退を余儀なくされた。だがプライドの高い大塩はそれを認めず、引退後も意見を出し続けたという。しかしやがて〝でしゃばった〟大塩の意見に耳を傾けない者も出てきたのだ。このことに腹を立てた大塩が、自身の力を知らしめるために反乱を起こしたというのである。

民衆を救うために立ち上がったと語り継がれる大塩。しかし、ただ私憤を晴らすために挙兵したというならば、そのために家財も家族も捨ててつき合わされた民衆にとってはあまりにも残酷な話である。

其ノ二

船場の豪商家に大砲や火矢を放ったが、火災が大きくなるばかりでわずか半日で鎮圧される

其ノ三

大塩は、養子である格之助とともに約40日にわたって大坂近郊各所に潜伏する

其ノ四

大坂城代土井利位《どいとしつら》に密告されたことで探索方に包囲され、火薬を使って自決した

引越しと旅行はカモフラージュ？

93回もの転居の裏に隠された北斎の密命

異常な転居マニアだった北斎

葛飾北斎《かつしかほくさい》といえば、江戸時代の化政文化を代表する浮世絵師である。『富嶽《ふがく》三十六景』をはじめとする作品群は、現代の私たちにとっても馴染み深く、遠く海を越えてゴッホら後期印象派の画家にも影響を与えた。

そんな彼が希代の「引越しおじさん」だったことは意外と知られていない。といっても隣家に「さっさと引越し！」と迫っていたわけではなく、自ら引越しを繰り返していたのだ。その回数、生涯で実に93回！

それに加えて、彼は極度の旅行好きとしても知られ

ている。北は甲信地方から南は九州まで、1806～1845年の間に9回も長期旅行に出かけているが、これは当時の人としては異常な回数である。

対外政策と北斎の奇妙なリンク

このことから、北斎は幕府の隠密だったのではないかという説がある。最初にこの説が発表されたのは、作家・高橋克彦《たかはしかつひこ》氏の小説『北斎殺人事件』だが、あながち創作ともいい切れないものがある。異常なまでの転居と旅行の回数はその傍証として十分だろう。

さらに1813年に英国船が長崎に入港、翌年琉《りゅう》球《きゅう》に寄港すると、北斎は1832年に『琉球八景』という作品を発表する。また、1820年には幕府が相模湾岸《さがみわんがん》警備を命じているが、北斎もまた1830年代に2度、相模へ旅に出ている。こうした点からも、北斎が隠密として各地の情報収集をしていた可能性を、決して荒唐無稽と否定することはできないのだ。

葛飾北斎の放浪年表

年代	出来事
一七六〇	江戸本所割下水に、幼名時太郎として生まれる
一七七八	勝川春章の門下であらゆる画法を学ぶ
一八〇五	初めて「葛飾北斎」の号を用いる
一八〇六	木更津へ旅行
一八一二	名古屋・関西へ旅行
一八一四	北斎漫画を手がける
一八一七	名古屋・伊勢・九州・関西へ旅行
一八二三	富嶽三十六景のシリーズを手がけはじめる
一八二五	甲信地方へ旅行
一八三四	富嶽百景を手がける
一八三四	伊豆・相模へ旅行
一八三七	相模へ旅行
一八四〇	房総方面へ旅行
一八四四	信州小布施へ旅行
一八四五	小布施へ旅行
一八四九	浅草聖天町の仮宅で没する。享年90歳

学校では教えてくれない

本当の日本史

第五章 近現代

閉塞した時代を切り開く刺激的事件？

猟奇殺人犯・阿部定《あべさだ》はニンフォマニア!?

男の元を渡り歩いていた阿部定

1936年、二・二六事件で軍国主義の風潮が吹き荒れる中、その事件は起こった。割烹《かっぽう》の主人であった石田吉蔵《いしだきちぞう》が、不倫相手の女中・阿部定《あべさだ》との情交の末に殺され、局部を切り取られたのだ。信じ難い猟奇的な犯行に世間はわき、阿部定の名はすぐさま世に知れ渡った。俗にいう阿部定事件である。

石田と出会う前、定は芸者や妾《めかけ》などをしながら各地を転々と遊び歩いていた。相手にした男の中には名古屋市の市議会議員大宮五郎《おおみやごろう》もいたという。大宮は定を諭し、まじめに働くようにと東京中野の吉田屋《よしだや》という割烹を紹介する。そこの主人が石田だった。

石田は齢42の粋な快男児。定はほどなく石田に惹かれ、石田も妻を持つ身でありながら、定と不倫を働くようになる。そしてふたりの愛欲がピークに達したとき、事件は起きた。

情交の上、絞殺。そして局部切断

尾久《おぐ》の待合旅館・満佐喜《まさき》にて、ふたりは情事に明け暮れていた。石田に「首を絞めると快感が増す」といわれた定は、性交中に石田の首を絞め続けたという。だが、行為が長時間に及ぶにつれ感覚が麻痺してしまったのだろう。石田は寝ている間にも定に首を絞められ、やがて死に至った。

絶命した石田を見た定は、包丁で彼の性器を切断し、雑誌の表紙に包んで持ち帰った。その日の昼、石田の遺体が旅館の女中によって発見されたことにより、事

阿部定の言葉

定吉二人キリ

石田を殺害後、定がシーツに書いた血文字。阿部定の定と石田吉蔵の吉を刻み、誰にも近寄らせないという思いを込めたという

件は発覚。翌々日、定は旅館に宿泊していたところを逮捕された。定は刑事を見ると「私がお探しの阿部定ですよ」とあっさり自供したという。

◆事件は人々の発奮材料に

メディアがこの事件を大きく取り上げると、日本全国で多大な反響が巻き起こった。定は猟奇殺人者というよりも、狂おしいほど愛を貫いた悲劇のヒロインとして扱われ、裁判が行なわれた際には裁判所に〝お定ファン〟が殺到、事件直後に定が売り払った衣服には法外な値段がつけられたという。本来であれば、社会問題に発展してもおかしくない猟奇的な事件だが、軍国主義に閉口していた人々にとってはある種のカンフル剤になったのかもしれない。

定は6年の懲役を受け、恩赦で出所した後は料亭やホテルの従業員などをしてひっそり暮らしたというが、その後の足取りについてはわかっていない。

なぜ名言になったのか？

「少年よ、大志を抱け」はクラーク発言でない⁉

教え子たちの印象は薄かった？

「Boys be ambitious」。〝少年よ、大志を抱け〟と訳されるこの言葉は、札幌農学校の初代教頭を務めたウィリアム・スミス・クラークが学校を去るときに残した言葉とされている。あまりにも有名な名言だが、本当にクラークがいったのかどうかについては、はっきりしない点が多い。

証拠となるのは別れの場面に立ち会った人々の言葉だが、教え子の内村鑑三《うちむらかんぞう》や新渡戸稲造《にとべいなぞう》などがクラークのことを書いた文章の中には、この名言に関する記述

は一切ナシ。ただひとり、名言に関して言及しているのは教育者の大島正健《おおしままさたけ》。彼は講演の中でクラークの言葉として紹介しており、その講演の記録が同窓会誌に掲載されて世に広まっていったのである。

名言には続きがあった!?

だが、この大島の言葉も一概には信用できない。まず、彼がクラークとの別れを惜しんだ漢詩に「青年奮起立功名」という文章があり、これが元となって生まれたのではないかという疑惑もある。また、講演の記録によれば名言のあとに「Ｌｉｋｅ ｔｈｉｓ ｏｌｄ ｍａｎ（この老人のように）」という言葉が続いたとされている。そうなるとだいぶニュアンスは変わってくる。実際にいったのだとしても、クラークとしては別れの言葉として気軽にいったものだったのだろう。それが名言といわれるまでになったのは、当時の軍事的指導と拡大解釈が重なった結果なのだ。

ウィリアム・スミス・クラーク
1826年、米マサチューセッツ州生まれ。札幌農学校の初代教頭を務め、8カ月間日本に滞在。ちなみに彼が決めた札幌農学校の校則は「Be Gentleman（紳士であれ）」のみというシンプルなもの。

襲撃に遭い、ケガを負った板垣のセリフ

板垣退助《いたがきたいすけ》のあの名言は捏造されたもの⁉

演説後に短刀で襲われた板垣

自由党の党首に就任し、自由民権運動の主導者として活躍するなど庶民からも支持されていた板垣退助《いたがきたいすけ》。彼は1882年4月、東海地方遊説で訪れた岐阜県において暴漢に襲われる。

犯人は自由党を敵視していた相原尚褧《あいはらなおぶみ》。彼は、板垣が演説から帰るところを刃渡り27センチメートルにもなる短刀を振りかざして襲撃した。だが、板垣は柔術を会得していたため肘で当身《あてみ》を行なって抵抗。ふたりがもみ合いになったところに板垣の秘書・内藤魯一《ないとうろいち》が駆けつけ、板垣は一命を取り留めた。

その際、板垣は「板垣死すとも自由は死せず」と叫んだといわれている。この言葉はのちにジャーナリストが演説の題名に使ったことで世間に広まったもので、〝名言〟として現代に語り継がれてきた。

ケガの痛みにさすがの板垣も……

しかし、実はこのとき板垣は「いたいがーやきぃ、早よう医者を」と叫んだとする説がある。これは彼の出身地である高知の方言で〝痛い！　早く医者を呼んでくれ〟というもの。板垣は7カ所ものケガを負っていたため、そう叫んでしまうのも無理はない。

もしかすると〝名言〟としてこれまで伝えられてきた言葉は、高い支持を受けていた板垣の評価を崩さないために誰かが勝手に作り上げたもので、本当に発せられた言葉は板垣のもっとも人間らしい部分を反映したものだったのかもしれない。

板垣退助の言葉

其の楽を共にせざる者は、其憂を共にせざる所以

意味は「領民と楽しみを共有しない支配者には、苦境に陥ったとき領民が協力しない」。庶民からも愛された板垣の人柄がうかがえる

妻殺しの噂は真実か

黒田清隆《くろだきよたか》妻殺し騒動に蠢いていた陰謀とは!?

酔っ払った勢いで妻を惨殺!?

明治初期、妻の殺人疑惑をかけられた軍人がいた。その男の名は黒田清隆《くろだきよたか》。薩摩の出身で第2代内閣総理大臣を務めた人物である。

1878年3月28日、黒田の妻・清《せい》が死亡した。清は以前から肺を患っていたのでそれが死因かと思われたが、世間に広まった噂は〝酔っぱらった黒田によって殺された〟というものだった。伊藤博文と大隈重信《おおくましげのぶ》は黒田の処罰を迫るが、大久保利通は黒田を徹底弁護。腹心の川路利良《かわじとしよし》に清の墓を掘り起こさせると、検死をした医師は病死と発表。何とかことなきを得た。

大久保利通暗殺も黒田が原因？

これで事態は沈静化したと思われたが、騒動から数日後の5月14日、また新たな事件が起きる。紀尾井坂《きおいざか》での大久保利通の暗殺だ。これを機に黒田の事件と関連したある噂が流れるようになる。

それは、大久保は黒田をかばったことで殺された……という説である。これは黒田が実際に妻を殺していたという仮説が元になっている。黒田と大久保、そして川路はみな薩摩出身。彼らがグルだったと考えると、墓を掘り起こしての検死など何の意味もなさなくなる。西南戦争直後の不穏なご時勢、大久保と黒田への風当たりは強く、士族たちからすれば黒田が殺人犯となったほうがよかった。それをかばったことで大久保は士族に殺されたのだ。酒乱の癖があった黒田のことだから、その線の陰謀説も十分考えられるだろう。

黒田清隆にまつわる酒乱エピソード

其ノ一
酔っぱらうと日本刀を振り回すほど暴れたが、酔いから醒めると一変して丁寧に謝ったらしい

其ノ二
戦艦を飲酒運転していたとき、誤って民家に向けて艦砲を撃ち、その家の少女を殺したことがある

其ノ三
清の次の妻と仲よくしていた若い下男を、酒の勢いに任せて斬り殺そうとしたことがある

いわずと知れた女好き？

希代の絶倫男だった伊藤《いとう》博文《ひろぶみ》の下半身事情

英語力を武器に舞踏会三昧の日々！

日本の初代総理大臣・伊藤博文。彼が総理大臣に選ばれた理由のひとつには、英語力が優れていたことが挙げられる。これを活用して日本のトップに立って政治を動かした伊藤だったが、欧化主義の推進者として舞踏会や夜会を連日にわたって行なっていたため、悪評も少なくなかった。というのも、そこでの彼は「女好き」の本性を丸出しにしていたためである。

その破廉恥《はれんち》ぶりは新聞にも取り上げられたほどで、あるときなどは美人として有名だった戸田氏共《とだうじたか》伯爵の

初代内閣総理大臣
となった伊藤博文

夫人を誘い出し、何とパーティー会場の裏庭の茂みでコトに及んだという。また、遊郭・吉原の帰りぎわに美しい芸者を見かけると、そのまま馬車に連れ込んでナニを……ということもあったとか。エピソードにこと欠かぬプレイボーイだ。その女好きっぷりはとどまるところを知らず、若い芸者から妙齢の未亡人まで何でもござれ。下半身の趣くままに突き進んだという。政治でも女でも、他の追随を許さない独走ぶりだ。

女遊びあってこその政治力？

宴会や舞踏会がある度に女を口説き、必ずといっていいほど両側に女を置いて寝ていたという伊藤博文。そのプレイボーイぶりは、見かねた明治天皇から「少し、控えなさい」とお叱りを受けたほどだという。

だが、政治家として極めて優秀だったのも紛れもない事実。彼にとっての女遊びとは、政治で緊張しきった心身をほぐす、最大の息抜きだったのかもしれない。

伊藤博文の歴史年表

年代	出来事
一八四一	周防国熊毛郡に生まれる
一八五三	12歳にして奉公に出る
一八五七	吉田松陰の松下村塾に学ぶ。桂小五郎、高杉晋作らと討幕運動
一八八五	初代内閣総理大臣となる
一九〇〇	立憲政友会の初代総裁に就任
一九〇五	大韓帝国が日本の保護国となる
一九〇九	満州・朝鮮問題の話し合いに向かう途中、安重根《あんじゅうこん》によって狙撃され死去

ロシア政府の陰謀が隠されていた!?

伊藤博文暗殺の犯人は安重根《あんじゅうこん》ではなかった!?

安重根の撃った弾丸はいずこへ!?

1909年、ロシアのココツェフとの会談のため、満州・ハルビン駅に降り立った伊藤博文《いとうひろぶみ》が暗殺された。犯人はその場で逮捕された安重根《あんじゅうこん》。韓国独立への願いを込めての凶行だった。ところが、この事件の真犯人は安重根ではなかった可能性があるのだ。

安が伊藤目掛けてピストルを撃ったことは現場にいた誰の目にも明らかであり、公判でも毅然とした態度で自分が射殺したと供述していた。だが、伊藤に命中した3発の弾丸の弾道を辿ると、すべて右上から左下の方向に向けて撃たれていたのである。標的より上の位置から狙撃しなければ、この角度はありえない。そこで浮上したのが安の弾丸は当たっておらず、別の位置から狙撃をした者がいたという仮説である。

事件の裏にはロシア政府の暗躍が……

それでは真犯人は誰か？　安の仲間とも考えられたが、彼には狙撃の腕を持った仲間はいなかった。そうなると怪しいのがロシア政府である。会談は当初、車の中で行なわれる予定だったが、突然の予定変更により伊藤は外に出るハメになった。さらに、ハルビン駅には厳重警備を敷いたというものの、実際には安に潜り込まれている。ロシア政府は安の存在を前もって知っていたのではないか？　あえて彼を泳がせておいて、別の場所から狙撃のチャンスを窺っていたのだろう。日露戦争の恨みをはらすための、ロシアによる暗殺と考えても、なんら無理はないのだ。

伊藤博文の命を狙った
暗殺者たち

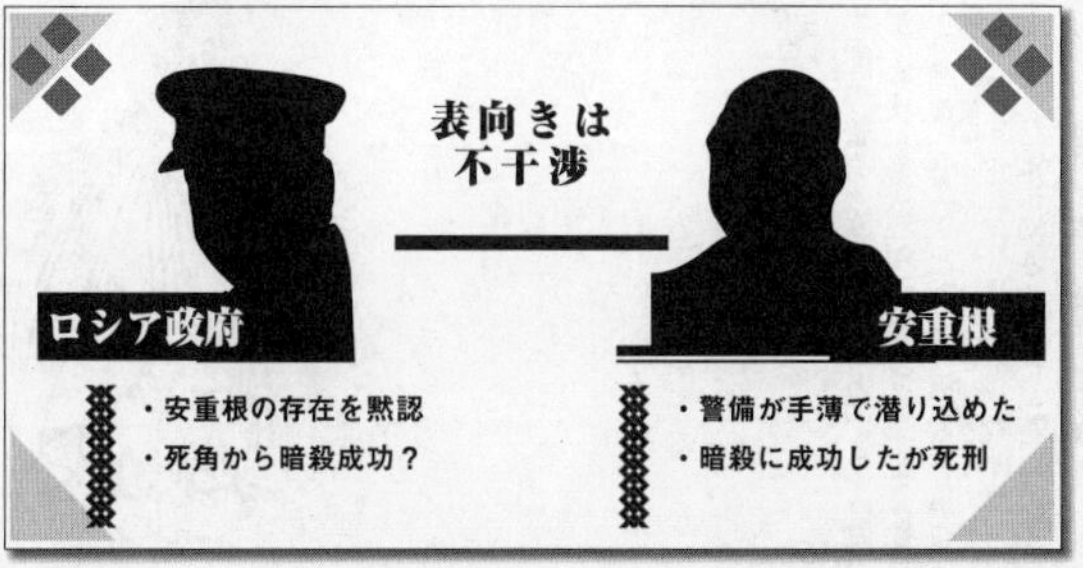
表向きは
不干渉
ロシア政府
・安重根の存在を黙認
・死角から暗殺成功？
安重根
・警備が手薄で潜り込めた
・暗殺に成功したが死刑

教員たるもの発言には要注意

夏目漱石《なつめそうせき》の発言が生徒の自殺の原因に!?

〝漱石〟の由来は中国の故事だった

『吾輩は猫である』『坊っちゃん』『こころ』など後世まで讃えられる数多くの作品を残し、明治・大正期を代表する文豪として知られる夏目漱石《なつめそうせき》。本名は夏目金《なつめきん》之助《のすけ》で、〝漱石〟という名は正岡子規《まさおかしき》から譲り受けたペンネームだったことはご存知だろうか?

〝漱石〟は唐代の『晋書《しんじょ》』の故事「漱石枕流《そうせきちんりゅう》(石に漱《くちすす》ぎ流れに枕す)」から取ったものである。子規はペンネームのひとつからこれを譲ったのだが、その意味は〝負け惜しみが強く頑固なこと〟。なぜ漱石はこの

漱石枕流

中国の晋の時代の孫楚《そんそ》という人物が、「枕石漱流」、すなわち「石に枕し、流れに漱ぐ」というところを誤って「漱石枕流」と逆にいってしまった。それを指摘されると「石に漱ぐは歯を洗うため、流れに枕するは耳を洗うため」とこじつけたことから、負け惜しみが強いことのたとえとして使われるようになった。

ペンネームを使いはじめたのか？　それは漱石自身が類を見ないほどの負けず嫌いだったからである。

教員時代に残した負け惜しみ伝説

漱石は教員を務めていた頃、その負けず嫌いな性格を窺わせる逸話をいくつも残している。

たとえば中学校で英語を教えていたときのこと。生徒が「いまの先生の訳語は辞書に載っていません」と指摘すると、漱石はたじろぎもせず「辞書が間違っているのだ。辞書を直しなさい」と居直ったという。

また、東大で教鞭を取っていたとき、ポケットに手を入れている学生を叱りつけると、その学生は片腕がなかった。さすがの漱石も申し訳なかったと謝ったが、そのあとに「私もない知恵を出して講義をしているのだから、君もない腕を出したらどうかね」と余計なひと言をつけ加えてしまった。いくら負け惜しみが強いといっても、ものには限度というものがある。

漱石の数少ない友人
人物相関図

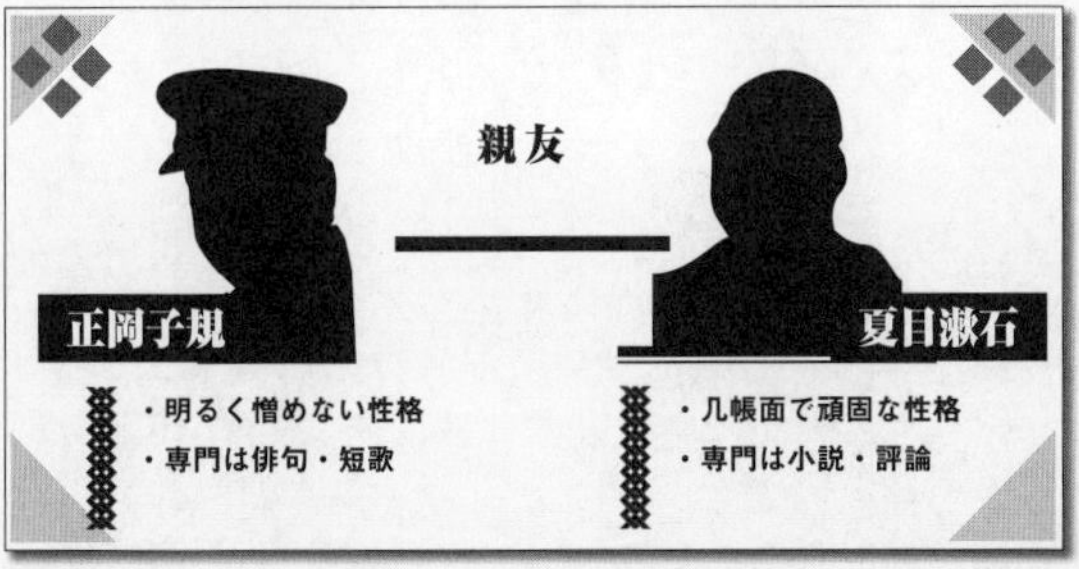

後年の鬱病の元になったとも……

そんな漱石の負け惜しみ発言だが、思わぬ悲劇を呼んでしまったこともあった。

東大の講義にて、ある学生に英文を訳させたところ「予習していません」というので、「次は予習をしておくように」と指示した。だが、次の講義でもその学生は予習をしてこなかった。怒った漱石は「勉強する気がないなら、教室にこなくていい！」といい放った。その学生はほどなくして、華厳《けごん》の滝に身を投げて命を絶っている。学生の名は藤村操《ふじむらみさお》。高名な東洋史学者の甥であり、この自殺は社会に大きな影響を与えた。

遺書を見る限りでは件《くだん》の授業が原因だとは限らないのだが、藤村の死を知った漱石はひどく狼狽し、神経衰弱を起こしてしまった。もとより神経質なところがあった漱石にとって、教員という職業は向いていなかったのかもしれない……。

その後の漱石の活躍ぶり

そんな悲痛な経験をした漱石だが、その後の彼の作家としての業績には目覚ましいものがある。

1904年の暮れから処女作『吾輩は猫である』を執筆。これが「ホトトギス」で読み切りとして掲載されると好評を博し、漱石は作家として生きることを決意する。その後も『坊っちゃん』などで人気作家となると、一切の教職を辞して朝日新聞に入社。本格的に職業作家としての道を歩むことになる。その後も『三四郎』『それから』などの作品を意欲的に発表するが、胃潰瘍が原因で生死の間をさまよう危篤状態に。何とか持ち直すものの以降も何度か胃潰瘍で倒れ、1916年に49歳でこの世を去った。

こうしてその生涯を振り返ると、漱石にとって藤村操の死がひとつの転換点になっていることがよくわかる。彼の死は決して無駄ではなかったのだ。

奴隷にヒモに詐欺被害に

実業家・高橋是清《たかはしこれきよ》はトラブルメーカー!?

海外留学するも奴隷商人に売られ……

そのふくよかな風貌から〝ダルマ宰相《さいしょう》〟と親しまれた第20代内閣総理大臣・高橋是清《たかはしこれきよ》。20歳で文部省に入省し、82歳で暗殺されるまで政界で生きた人物である。政界ではその手腕を遺憾なく発揮した彼だが、青年期まではちょっとしたトラブル人生を送っていた。

1867年、13歳のときに海外留学した彼は、サンフランシスコの老夫妻の家で英語の勉強を始めた。だが、家事手伝いをやらされて勉強をする暇もなく、たまりかねた彼が文句を言うと、別の家に移れと書類に

サインをさせられる。まもなくオークランドの農家に移ったが、そこで待っていたのは一日中の野良仕事。実は彼がサインした書類は奴隷契約書だったのだ！　それでもめげずに頑張った彼はさまざまな家を転々としたのち、翌年帰国。机上の勉強はできなかったが、ネイティブな英語は学べたようだ。

芸妓のヒモから政界入り!?

帰国した高橋は英語の能力を生かし、書生や教員の助手などを務めるが、ひょんなことから芸妓《げいぎ》遊びにハマり、芸妓のヒモになる。さらに酒を覚えた彼は毎日毎日飲んでばかり。そんなときに舞い込んできたのが英語教師の仕事だった。仕事は順調でそれなりに貯金もできるが、それも詐欺師にだまされスッカラカン。その後、書生時代に知遇を得た森有礼《もりありのり》に薦められて政界に入るが、彼との出会いがなければ高橋の人生はどうなっていたのかわからない……。

高橋是清の言葉

私は子供の時から、自分は幸福者だ、運のいい者だということを深く思い込んでおった。それでどんな失敗をしても、窮地に陥っても、自分にはいつかよい運が転換してくるものだと、一心になって努力した

留学先で騙されたことや、詐欺師に大金を騙し取られたことなど、苦難に遭っても這い上がってきた彼の人生を表している

戦争に汚された野球人生

沢村栄治《さわむらえいじ》は手榴弾の投げすぎで肩を壊した？

プロ野球の歴史に燦然と輝く大投手

沢村栄治《さわむらえいじ》といえば、アメリカメジャーリーグ選抜軍との対戦でベーブ・ルースを三振に仕留めたことや、プロ野球史上初のノーヒットノーランを達成したことなどで知られる伝説の大投手である。推定160キロ前後の剛速球を投げていたとされる彼だが、肩を壊した晩年はコントロールを武器にしたピッチングに変わっていった。この肩の故障、実は戦場で手榴弾を投げすぎたためだといわれていたのだ！

1938年、徴兵で中国の戦地に赴いた沢村は、野

その栄誉と功績を称え、プロ野球の最優秀投手賞は彼の名前を冠した“沢村賞”とされている

球ボールの3倍もの重さの手榴弾を投げさせられたという。野球の感覚で投げれば肩に大きな負担がかかることは確実。さらにマラリア感染、左手の銃弾貫通なども重なり、プロ野球界に復帰した1940年には以前のような速球は投げられなくなっていた。

手榴弾でも記録を作った強肩

手榴弾に憂き目を見た沢村だが、彼は手榴弾に関する驚異的な記録を残している。1940年、軍隊で連隊対抗手榴弾投げ大会が行なわれたとき、沢村は78メートルもの記録を出し、ダントツで優勝を飾った。このときすでに肩を壊していたことを考えると、全盛期はさらに記録が伸びていたことが予想される。

プロ野球を引退した1944年、沢村は東シナ海で戦死を遂げた。戦争で失くしてしまったことが、本当に悔やまれる人物だった。

沢村栄治・獲得タイトル（1936年春〜1943年）

最優秀選手　1回（1937年春）
最多勝利　2回（13勝　1936年秋）（24勝　1937年春）
最優秀防御率　1回（0.81　1937年春）
最高勝率　1回（0.857　1937年春）
最多奪三振　2回（196　1937年春）（129　1937年秋）
※最多奪三振は当時タイトルではない

闇に葬られた首都計画

戦争が長引いていれば首都は長野県だった!?

東京を捨てる予定だった

現在、日本は首都機能を東京に集中させているが、実は東京＝首都という明確な規定があったことはない。そのことも起因してか第二次世界大戦末期、首都機能を長野県の松代《まつしろ》に移す計画があった。

１９４４年7月、太平洋戦争でサイパンが陥落したことで、本土決戦の可能性が浮上。同月の東條内閣最後の閣議で皇居とその他首都機能を松代へ移転し、〝松代大本営《まつしろだいほんえい》〟を建設する工事を進めることが承認された。その後、国民に極秘で工事は進められ、最盛期

首都機能移転計画で松代が選ばれた理由

其ノ一

本州のもっとも幅広い地帯であり、近くに飛行場がある

には朝鮮人7000人・日本人3000人が作業に当たったが、1945年8月の敗戦を機に中止。そのときすでに全体の約8割が完成していたという。

決して無謀な計画ではなかった

現在、松代大本営は観光名所として地下壕の一部が公開されている。以前は強制労働問題が騒がれていたが、当時の財政事情からすれば食事などの待遇は悪くなかったことが近年関係者の証言で証明された。地上部には天皇御座所、皇后御座所、宮内省になる予定だった建物も残されており、軍の力の入れようを窺い知ることができる。

また、人気アニメ『新世紀エヴァンゲリオン』の作中では、長野県松本が第2新東京市という名称になり、首都機能を備えた都市として登場する。第1候補は松代だったという設定もあり、これも松代大本営をモチーフにしたものだとされている。

其ノ二

地質的に硬い岩盤で掘削に適し、10トン爆弾にも耐える

其ノ三

地下施設建設に十分な面積があり、比較的労働力も豊富

其ノ四

長野県の人は心が純朴で、信州は神州に通じ、品格もある

文官唯一の死刑囚

総理大臣・広田弘毅《ひろたこうき》は身代わりで死刑に⁉

日中戦争の責任を取らされて死刑に

第32代内閣総理大臣・広田弘毅《ひろたこうき》は文官で唯一死刑になった人物として有名だが、実はこの死刑は彼のために用意されたものではなかった。

大戦後の１９４６年４月、広田はA級戦犯として裁判にかけられた。もっとも大きな罪状は日中戦争を始めたこととされたが、日中戦争の幕開けとなった１９３７年７月７日の盧溝橋《ろこうきょう》事件の際には、広田はすでに総理大臣ではなかったのである。当時、外務大臣だった彼は事件勃発後、不拡大方針を主張して平和的解決に努めた。だからといって責任がなくなるわけではないが、罰せられるなら広田ではなく、当時の総理大臣が先ではないのか？　当時、総理大臣を務めていたのは近衛文麿《このえふみまろ》。彼も東京裁判でA級戦犯として裁かれる予定だったが、出頭期限であった１９４５年12月16日に青酸カリを服毒し、自殺していたのだった。

後世の政治家たちへの警告だった⁉

もし、自殺していなかったら、近衛は間違いなく東京裁判で死刑を求刑されていただろう。つまり、広田は近衛の身代わりにされたのである。広田が平和活動を働きかけていたことは裁判でも評価されていたが、死刑の判決を揺るがすほどではなかった。それほどまでに日中戦争の責任は重いものだったのである。近衛の生死を抜きに考えても、広田は何らかの刑を受けていただろう。だが、それが死刑にまで至ったのは、政界への一種の警告だったのかもしれない。

東京裁判（極東国際軍事裁判）
第2次世界大戦後、連合国が戦争犯罪人として指定した日本の軍人などを裁いた裁判。東條英機をはじめ、日本の指導者28名が刑を受けた。裁く側はすべて戦勝国だったことから、〝勝者の裁き〟とも呼ばれる。裁判所には、市ヶ谷の旧陸軍士官学校講堂が使われた。

国益は人命より重い!?

事件の裏にはGHQ!?
帝銀事件の真相とは

行員を死に追いやった巧妙な手口

1948年、東京都豊島区の帝国銀行椎名町支店で、凶悪事件が発生した。事件のあらましはこうだ。

銀行が閉店した直後、中年男性が店内に入ってきた。彼は慌てた様子を見せながら「近くで集団赤痢が発生した。GHQの消毒斑がくる前に、この予防薬を飲んでほしい」と、予防薬と称した劇物入りの薬品を行員たちに飲ませる。彼が「厚生省技官松井《まつい》蔚《しげる》」と書かれた名刺を差し出したことや東京都防疫班の腕章をつけていたことから、行員たちは疑うことなく、彼の指

事件発生から発覚までの流れ

其ノ一

帝国銀行椎名町支店に「松井蔚」と名乗る男が入店

示に従った。

　すると、みるみるうちに行員たちは倒れ、12人が死亡。出納係の机の上に置いてあった現金と小切手が盗まれたのである。

名刺交換をして犯人となった画家

　事件後、犯人としてひとりの男が逮捕された。彼の名は平沢貞通《ひらさわさだみち》。テンペラ画家であった。犯人が差し出した名刺に書かれた「松井蔚」という名の人物は実在しており、彼はその松井氏と名刺交換したことがあった。ところが平沢氏はその名刺を紛失していたため、逮捕されたのだ。名刺交換したのに紛失した＝事件に使用した、という警察の憶測による逮捕劇であった。

　事件当初、犯人は「毒物の扱い方に詳しい者」として捜査はスタートしている。ところが、平沢氏は毒物の知識を何ら持ち合わせていないばかりか、数々の目撃証言からアリバイも成立していた。にもかかわら

其ノ二

赤痢予防薬と偽り、手本を見せたあとに毒薬を行員たちに飲ませる

其ノ三

薬を飲んだ行員たちが次々と痙攣、嘔吐し、意識を失い倒れていく

其ノ四

自力で外に脱出した被害者に、外にいた学生が気づいて事件が発覚

ず、連日連夜にわたって拷問のような取調べが行なわれ、ついには犯行を自供せざるを得なかったのである。

◆捜査の裏に潜む黒い影の正体とは!?

平沢氏の供述は事実と辻褄が合わず、前述通りアリバイも確かなものだったが、警察がそれに耳を傾けることはなかった。市民の目から見ても平沢氏が冤罪《えんざい》であるという可能性は高く、全国各地で保釈運動が勃発。小説家・松本清張《まつもとせいちょう》も平沢氏の無実を主張している(『日本の黒い霧』)。だが、結果は死刑判決。警察がここまで強硬になる理由はひとつ。決して逮捕できない真犯人が別にいたのである。

犯人は薬物の致死量や、薬物が体内に回って死に至るまでの時間を完璧に把握していたと考えられる。そこで当時、劇物や薬物についての高い知識を持ち合わせる「731部隊」が捜査線上に浮かび上がった。「731部隊」とは戦時中に劇物で人体実験を繰り返した旧日本軍の特殊部隊である。しかし本格的に取りかかる間もなく、ＧＨＱからの圧力により捜査は打ち切りとなっている。

「731部隊」を守り通した理由

当時、ＧＨＱ内では対ソ連問題が持ち上がり、ソ連に対応する準備を整えている状態だった。そこでＧＨＱは、「731部隊」が持つ薬物や細菌兵器に対する高い知識と技術に着目。対ソ戦の手段にしようとしていた。そのため同部隊の事件への関与や、そこから逮捕者を出すことを避けたかったのである。その疑いを晴らすためには、やはり真犯人と思われる人物を出すことが必要。そこで犯人としてでっち上げられたのが平沢氏だったのである。結局、平沢氏は確たる証拠もないまま40年近く服役。95歳で獄中にて亡くなっている。こうして真実が明らかになることもなく、帝銀事件はひとりの画家の命を奪ったのだ。

帝銀事件の前には類似事件が発生していた!?

安田銀行荏原支店

47年10月。医学博士を名乗る男が、赤痢感染を口実に行員たちに薬を飲ませるものの被害はなし

三菱銀行中井支店

ひとりの男が帝銀事件と同じ手口で犯行に及ぼうとするが、現金がないことを告げると男は店を出ていった

満州建国の犠牲になった男装の麗人

孫文《そんぶん》の息子にまで取り入った川島芳子《かわしまよしこ》

悲願「満州国独立」を胸に日本で成長

川島芳子《かわしまよしこ》は1907年清《しん》王朝の粛親王《しゅくしんのう》第14王女として北京で生まれた。だが清朝は崩壊、8歳のときに川《かわ》島浪速《しまなにわ》に養女に出され来日した。日本で成長した芳子は悲願「満州建国」を胸に大陸に渡った。軍服に身を包み、自分を「僕」と呼び、軍馬で荒野を駆け私設の軍隊まで率いたという。小柄な体だが妖しい色香に満ちていた芳子は「男装の麗人」と呼ばれ、男を魅了した。関東軍の有力な将校、将軍たちには隙あらば子猫のようにすり寄り、権力者をバックにつけ、神出鬼没

であらゆる情報を集めたという。

実際は死んでいなかった!?

芳子はよくいえば天衣無縫、人を恐れず男にも奔放だった。激しい一面を見せたかと思えば、気まぐれに甘える。孫文《そんぶん》の息子にも取り入って蒋介石《しょうかいせき》に関する機密文書を盗み見たほど腕利きのスパイだった。芳子の流した情報が功を奏したのか、日本政府の手引きで1932年、満州国は独立を宣言する。芳子が受けた任務は皇帝の妃を説得して満州に連れてくること。

口八丁で芳子は妃を騙して満州入りした。しかし、悲願だった満州国独立は敗戦によって再び無に帰し、芳子は中国政府によって逮捕、逆賊として銃殺刑に処された。銃殺死体は写真で公開されたが、銃弾で顔がつぶれており芳子本人だとは確認できないため、実際は銃殺されずに匿われて、生き延びたという説も有力である。

川島芳子の年表

年代	出来事
一九〇七	清の王族・粛親王の第14王女として生まれる
一九一〇	日韓併合
一九一一	辛亥革命
一九一五	芳子、川島浪速の養女として日本へ
一九二二	実父の死。松本高等女学校退学
一九二七	蒙古の王族の息子と結婚後1年も経たずに別居、上海へ渡る
一九三一	満州事変
一九三二	満州国独立を宣言
一九三七	この頃帰国し、人気を博す。母校松本高等女学校で講演会などを行なう
一九四五	日本敗戦、芳子逮捕される
一九四八	銃殺刑。享年41

逮捕された人たちは冤罪だった？

「松川事件」の裏に国家的陰謀の影

故意に引き起こされた凶悪事件

「国鉄三大ミステリー」のひとつにも数えられる「松川事件」が発生したのは1949年8月。青森発、上野行きの列車が福島県で脱線・転覆した鉄道事故だ。

捜査の結果、線路の継ぎ目部分のボルトやナットが緩められ、レールを固定する犬クギが抜かれていたことから何者かが線路内に侵入して引き起こした人為的な事件であることが判明。しかし、この事件の裏には、国家レベルのとんでもない策略が隠されていた。

事件の犯人として逮捕されたのは東芝松川労組幹

車体の無残な姿が事故の凄まじさを物語っている

部、国労福島支部幹部関係者ら20人。彼らは裁判でも有罪判決を受けたのだが……。

十数年間犯罪者とされた20人

9年後、逮捕者にあったアリバイは検察官によって隠匿され、現場から押収したとされる物証は、警察によってでっち上げられたものということが明らかになった。そして61年の差し戻し審で、被告人全員に無罪がいい渡された。無罪は認められたが、なぜ犯人扱いされたかはいまだ隠匿されている。その理由は当時の日本の情勢に関係していた。「ドッジライン」の影響で労働争議が勃発していた事件当時、現場となった地域でも大量解雇を巡って闘争が繰り広げられていたのだ。これに頭を悩ませた政府は何とかして運動を抑えようと、この〝事件〟を思いついた……というのだ。今となっては真相を知る由もないが、警察を意のままに操れる機関など、国家以外には存在しないのではないか。

国鉄三大ミステリー

其ノ一
1949年7月、下山事件。国鉄総裁だった下山定《しもやまさだ》則《のり》の轢死体が東武伊勢崎線ガード下付近で発見された

其ノ二
下山事件から約2週間後に起きた三鷹事件。三鷹駅構内で無人列車が暴走。6人が死亡

其ノ三
同年8月に起こった松川事件。福島県の松川駅、金谷《かなや》駅間を走行中の電車が突如脱線、転覆した

南の島で逆ハーレム生活

比嘉《ひが》和子《かずこ》は32人の男に殺し合いをさせた!?

サバイバル生活の紅一点

アナタハン島事件とは、１９４４年から6年間、マリアナ諸島アナタハン島に取り残された32人の男性がひとりの女性を奪い合いながら生活をしていたという事件である。その事件の中心にいたのが比嘉《ひが》和子《かずこ》だ。

沖縄出身の和子は16歳で兄を頼ってサイパンへ渡り、そこで出会った男と結婚しアナタハン島に渡る。やがて戦争が始まり、夫が用事でパガン島へ出かけると、島には和子と夫の会社の社長だけが取り残された。

それからほどなくして、米軍の攻撃から逃れた陸海

和子を巡っての男たちの熾烈な争い

其ノ一

島に31人の男が上陸。和子は怪我人を看病し、食糧を分け与える

軍軍人や船員など31人がアナタハン島に漂着。和子と男たちはサバイバル生活を始めることを余儀なくされた。極限状態の中、男たちは和子を狙うようになる。醜い争いが始まるのにそう時間はかからなかった。

終戦も知らず続けられた殺し合い

だが、夫の会社の社長が盾となり、男たちはなかなか手を出すことができない。男たちの不満が溜まる中、争いを激化させる事件が起こる。島に墜落したB29の残骸の中から2丁の拳銃が発見されたのだ。拳銃を持つ男が権力を持ち、和子を奪い合って殺し合いが繰り返されるようになった。終戦も知らずに殺し合った男たちは、1950年に和子が米海軍の「ミス・スージー号」に発見されて、その所在がわかったときには19人にまで減っていた。日本に戻ってきた和子は、南国の離島で32人の男を翻弄したことが話題となり、「アナタハンの女王蜂」と呼ばれた。

其ノ二

▶ **食糧が底をつき、男たちは和子を奪い合って争い始める**

其ノ三

▶ **拳銃発見。拳銃を持つ者が和子を手に入れるという暗黙のルールができる**

其ノ四

▶ **和子が違う男の元に行くたび、争いは激化。救出までに何人もが死亡した**

昭和最大のミステリーの謎に迫る

3億円事件発生は学生運動対策だった

一瞬にして消え去った3億円

1968年12月10日。3億円もの大金を載せた現金輸送車が、警察官らしき男から停車を求められた。男は車の下に爆弾が仕掛けられていると警告し、全員を降車させた。そして車を安全な場所へ移動させるように見せかけ、金を載せたまま消え去った……。これこそ昭和最大のミステリー「3億円事件」である。

しかしこの事件、公安警察のある狙いから引き起こされたという噂がささやかれている。

1960年代、日本では安保闘争や安田講堂事件

3億円が盗まれるまで……

其ノ一

大金を積んだ現金輸送車が警察官に扮した男に停止を求められる

をはじめとする学生運動が勃発。学生の過激な行動を前に機動隊が出動しては衝突を繰り返しており、警察は頭を悩ませていたのである。そんな中、さらなる不安が警察を襲う。70年安保闘争である。彼らはその闘争を避けるため、学生紛争のアジトや活動の中心的人物を突き止める必要があったのだ。そこで引き起こされたのが3億円事件だった……というのである。

犯人捜査の目的は学生の実態調査!?

警察は3億円事件の〝犯人捜査〟との名目で、学生が多く住んでいる中央線沿いのアパートなどを中心に捜査を進めた。実際、調査を受けた若者は総勢11万人！　この影響もあってか、１９７０年頃に学生運動は下火となる。それと同時に3億円事件の捜査が大幅縮小されているのは、ただの偶然といえるだろうか。

いまだに事件が解決されず犯人が見つからないのは、謎を解く鍵を警察が握っているから……かもしれない。

其ノ二

爆弾が仕掛けられていると警告され全員が降車させられる

▶

其ノ三

犯人は「爆発する！」と叫び、車とともに逃走（周囲は車を安全な場所へ運んでくれていると思っていた）

▶

其ノ四

男が戻ってこないことなどを不審に思い、支店として警察に連絡。強奪事件であることが発覚

東アジア共産化の犠牲となった日本

スターリンが仕掛けた日中戦争と太平洋戦争

ソ連スパイが作ったハル・ノート

太平洋戦争開戦の直接のきっかけは、アメリカが日本に突きつけた最後通牒「ハル・ノート」だ。これは当時の日本にとって、とても受け入れられる内容ではなかったため、今日では日本に武力発動させるためのアメリカの挑発行為であったとの見方が強い。

しかし、この「ハル・ノート」の起草者の中に、コミンテルンのスパイがいたことまではあまり知られていない。コミンテルンとは、ソ連を中心とした共産主義の国際ネットワーク。つまり太平洋戦争はスター

歴史的惨事に垣間見える
スターリンの謀略

其ノ一

ソ連は張作霖爆殺事件を引き起こし、それを日本軍の仕業に見せかける

リンによって、間接的に「仕掛けられた」疑いがある。彼は、日本がソ連に北進してくるのを避けるため、アメリカと日本の開戦を望んでいたというのである。

負ける戦争を強要された日本

それだけではない。太平洋戦争に先立ち勃発していた日中戦争自体が、ソ連コミンテルンと中国共産党によって引き起こされたといわれている。満州事変の遠因となった1928年の張作霖《ちょうさくりん》爆殺事件は、日本の関東軍の仕業に見せかけたソ連の謀略であったことが、後にソ連の機密文書から明らかになった。また日中戦争の発端となった盧溝橋《ろこうきょう》事件は、中国共産党のスパイが蒋介石《しょうかいせき》軍に潜入して起こしたと考えられている。

スターリンの狙いは、その後の歴史を見れば明らかだ。〝始めさせられた〟戦争に日本が敗戦したおかげで、東アジアにはスターリンが望んだ通り、中国・北朝鮮の共産化がもたらされたのだから。

其ノ二

中国共産党のスパイが蒋介石に起こさせた盧溝橋事件により、日中戦争開始

◀

其ノ三

日米間に太平洋戦争を勃発させることで、日本のソ連北進を逃れる

◀

其ノ四

スターリンの思うがままに事は進み、中国と北朝鮮で共産化が進んだ

「腹」と「原」を聞き間違えたのが原因？

勘違いで暗殺された不憫《ふびん》な原敬《はらたかし》首相

原敬暗殺の引き金は……

19代目の内閣総理大臣を務めた原敬《はらたかし》。彼は1921年、東京駅にて暗殺されるという最期を迎えた。しかしその事件は、犯人のとんでもない言葉の〝聞き間違い〟が引き金となっていたのだ！

原を殺したのは山手線大塚駅で駅員を務めていた中《なか》岡艮一《おかこんいち》、19歳。原が行なっていた財閥中心の政治などに、日頃から政治的な鬱憤を抱えていた。また、中岡の上司・橋本栄五郎《はしもとえいごろう》も原に不満を持っていた。中岡は、橋本の影響を強く受けたとされる。

東京駅にて非業の死を遂げた原敬

事件の発端は、橋本と中岡のいつもの政治批判談義からだった。橋本の「今の日本には武士道精神が失われた。〝腹を切る〟といっても、実際に〝腹〟を切った例はない」という発言に対して中岡は「私が〝原〟を斬ってみせます」と返答。そう、彼は橋本がいった「腹」を「原」と聞き違えたのだ。そうして勘違いしたまま原敬暗殺を決意。そして21年11月、中岡は東京駅にて原敬の右胸を短刀で刺して殺したのである。

あまりに不憫な原の最期とその後

事件後の裁判で、中岡には無期懲役の判決が下った。言葉の聞き間違いが事件の原因だと明るみに出たのも裁判中のことである。さらに、殺人を促したとして橋本が殺人教唆の疑いで起訴される事態となった。

たったひとつ言葉を聞き違えたために引き起こされたこの事件、命を落とした原敬にとっては、あまりに迷惑な話である。

「平民宰相」として名高かった原敬

年代	出来事
一八五六	岩手県盛岡市本宮にて生まれる
一八八二	郵便報知新聞と大東日報の記者を経て外務省へ
一九〇〇	第4次伊藤内閣逓信大臣に就任
一九〇六	第1次西園寺内閣成立。内務大臣を務める
一九一三	第1次山本内閣内務大臣となる
一九一四	第3代立憲政友会総裁に就任
一九一八	原敬内閣成立。第19代内閣総理大臣に就任
一九一九	衆議院議員選挙法を改正
一九二一	東京駅にて暗殺される

強い反逆精神を生涯貫き通した女性運動家

死刑を望んだ果てに自殺した金子文子《かねこふみこ》

悲惨な幼少時代が作った反逆精神

1923年9月3日、無政府主義者の朴烈《パクヨル》が大逆罪の疑いで拘束された。朴烈とともに拘束されたのは愛人の金子文子《かねこふみこ》。文子は23歳という短い生涯をアナキストとして貫き通した烈女だった。

文子の幼少時代は悲惨だった。両親が出生届を出さなかったため就学できず、父が家を出て母の妹と同棲、母も男との同居を繰り返した。その後、養女として父方の祖母に迎えられ、朝鮮（後の韓国）に移住するがここでも虐待を受ける。この経験が文子の反逆精神を

生み出したのである。そして、19歳のときに社会主義者の朴烈と出会ったことで文子の人生は一変。意気投合した朴烈と文子はふたりで無政府主義者の集まる不逞社を組織して社会運動を広めた。治安警察法違反という名目で朴烈とともに拘束されたのは、不逞社の組織から5カ月後のことだった。

死刑判決を受け「万歳！」

取り調べの結果、文子は皇太子の結婚式に爆弾を投げつけようとしていた疑いをかけられ、朴烈とともに死刑判決を受ける。判決のとき文子は「万歳！」と叫んだという。10日後には天皇の恩赦により無期懲役に減刑されたが、このとき文子は屈辱を覚え、朴烈とともに判決を拒否したが叶わなかった。愛する者と一緒に死ねないと知った文子は、自ら首を吊って命を落とした。生涯ひとりの男を愛し、思想をともにした文子は最後までその意志を変えることがなかったのだ。

金子文子の年表

年代	出来事
一九〇三	横浜市に生まれる
一九一二	叔父に引き取られる
一九一二	朝鮮（後の韓国）に養女として引き取られる
一九二〇	帰国、単独上京
一九二二	朴烈と出会い、同棲を開始
一九二三	4月、不逞社を組織 9月、警察により連行
一九二六	3月、死刑判決 4月、無期懲役に減刑 7月、獄死

田中角栄はこの事件で失脚させられた!?

アメリカの陰謀渦巻く ロッキード事件の真相

戦後最大のスキャンダル

1976年2月に発覚した、田中角栄首相を巡る受託収賄罪事件「ロッキード事件」。アメリカの航空機製造会社が航空機を日本に売り込むために工作費として30億円を費やしていたことが明るみに出たことで発覚したこの事件は、首相が逮捕されるという未曾有の大事件となった。しかし、その裏にはアメリカの仕掛けたとんでもない罠があったのだ。

昭和30年代、日本は航空機製造を国内産業のひとつに位置づけようとした。ところが航空機産業を独占し

田中角栄（左）とアメリカのニクソン大統領（右）

たいアメリカは、日本の参入を止めたかった。そこでアメリカは日本の航空機産業を壊滅させるために「ロッキード事件」を仕組んだ……というシナリオだ。

次々と浮かび上がる不可解な点

ロッキード事件には多くの謎や不可解な点が存在する。意図的に誰かを貶《おとし》めようとしているように……。裁判が被告人に反対尋問の機会が与えられない不利なものだったのもおかしいし、ロッキード社の副社長が、証言の代わりに贈賄罪や偽証罪で起訴されないよう司法取引しているのも怪しさ満点だ。ほかにも金を受け取った人物がいるはずなのに、田中が受け取った金ばかりが注目されたのもおかしい。これを裏づけるように、当時の国務長官ヘンリー・キッシンジャーは「ロッキード事件は間違いだった」という言葉を残している。田中角栄がアメリカのワナにハメられたと考えるのは、あながち間違いではないかもしれない。

田中角栄元首相逮捕までの道のり

其ノ一
76年2月4日、ロッキード社不法献金の証拠資料が公表され事件が発覚

其ノ二
田中角栄と親密な交際があった関係者の証人喚問、右翼の児玉誉士夫《こだまよしお》を尋問

其ノ三
76年7月27日、田中角栄を外為法違反容疑で逮捕

グリコ・森永事件に残された謎

かい人21面相の狙いは金ではなく損害だった

食品会社ばかりを狙った凶悪事件

1984年、店頭に並んだお菓子に毒物が混入され、日本中を震撼させたグリコ・森永事件。犯人は自らを「かい人21面相」と名乗り、警察やメディア、食品会社に犯行声明文を送りつけた。

警察は、一度だけ防犯カメラに映った犯人の姿を全国に公開、また犯人の似顔絵「キツネ目の男」を公開するなど犯人逮捕に尽力した。だが、最初の事件発生から約1年半後に犯人は忽然と姿を消す。そして2000年2月、事件は時効を迎えた。

からっぽになったお菓子売り場

グリコ・森永事件に残された最大の謎は動機だ。犯人は多額な金を要求しているが、金目当てとは思えない。では、なぜこんな事件を起こしたのだろうか。

犯人はまず標的をグリコに絞った。グリコ社長を誘拐したあと本社に放火し、そして毒物入りのお菓子を店頭に置いたのである。それを受けてグリコ商品を撤去するスーパーやコンビニが続出。結果、グリコの損害は約50億円に上り、グリコ株は急落。経営を傾かせるほどの大損害を与えた。その後、標的を別の食品会社に次々と乗り換えていった犯人は「グリコと同じようになりたくなかったら……」といって脅しをかけている。つまり、犯人の真の目的は社会に与える〝損害〟にあったのだ。だからこそ、このように〝劇場型犯罪〟を繰り広げ、世間を大騒動に巻き込んだ……と考えれば、すべての辻褄《つじつま》が合うのである。

グリコを襲った〝かい人21面相〟の凶行

年代	出来事
一九八四年三月十八日	グリコの江崎社長が誘拐される
三月二十一日	社長を保護
四月二日	社長宅へ脅迫状が届く
四月十日	グリコ本社が放火被害
四月十一日	社長宅への脅迫電話が始まる
四月二十三日	新聞社に脅迫状が届く。この頃から「かい人21面相」と名乗り始める
五月十日	店頭の菓子に毒を混入するという脅迫状が届く。多くの店がグリコ製品の撤去開始
五月三十一日	3億円を要求する手紙が届く
六月二十二日	標的を他の食品メーカーに向け始める

学校では教えてくれない

本当の日本史

第六章 古代

日本最初の女王様のご乱行!?

卑弥呼《ひみこ》は死の際に奴隷を道連れにした!?

卑弥呼はシャーマンだった!?

謎多き邪馬台国《やまたいこく》の女王・卑弥呼《ひみこ》。その正体は神功皇后《じんぐうこうごう》とも天照大神《あまてらすおおみかみ》ともいわれているが、最新の研究においてもくわしい人柄についてはほとんど明らかにされていない。

『魏志倭人伝《ぎしわじんでん》』では卑弥呼について「鬼道《きどう》に仕え、よく衆を惑わす」と記されている。〝鬼道〟がどんなものかということに関しては諸説あるが、中国の民間伝承に当てはめると、霊的存在を表す〝鬼〟を操る呪術、つまりシャーマニズムの一種と考えられている。卑弥

呼は鬼道により神託を受け、世の情勢を占い、政治を執り行なっていたという。群衆は鬼道の力を持つ卑弥呼に心酔していたというが、卑弥呼が実際に人々の前に姿を現すことはほとんどなかった。それでは卑弥呼はどのようにして群衆を操っていたのだろうか？

なぜ群衆に顔を見せなかった？

卑弥呼は自分の住まう宮殿を武装した兵士に守らせ、1000人もの召使いに身の回りの世話をさせていたという。卑弥呼の部屋に出入りできるのは、彼女が選んだひとりの男性だけであり、命令などはすべてその男性を通して、群衆に伝えられていたようだ。また卑弥呼には弟がおり、政治については彼が卑弥呼の意見を聞き取り、主導していた。

このようにして卑弥呼は徹底して姿を見せないことで自らの神秘性を高め、群衆を教徒のようにコントロールしていたのだ。卑弥呼の鬼道が実際に威力を発

知っておきたい用語集

奴婢

隋・唐の律令制における賤民の中のひとつであり、奴隷階級に相当する。日本では卑弥呼の死に際して奴婢が殉死したという記録から、邪馬台国の時代から存在していたと考えられている

シャーマニズム

トランス状態に入り、霊的存在と交信する現象のこと。日本では卑弥呼をはじめ、下北半島の恐山におけるイタコ、沖縄周辺のユタなどがそれに当たるとされている

揮していたかは定かではないが、頭のキレる女性だったことは間違いなさそうだ。

100人の奴隷を道連れに！

群衆の意思を完全に掌握した卑弥呼は、自分の死に際し、直径100余歩もある大きな墓を作らせ、100人もの奴婢《ぬひ》を道連れにした。これは、群衆たちが卑弥呼の死を悼《いた》み、自主的に起こした行動だと考えられているが、卑弥呼が死んだときは敵対する狗奴《くな》国との戦いが激化していた頃。群衆たちに卑弥呼の死を悼む余裕などなかったのではないだろうか？　そうなると、この墓作りと100人の殉死は卑弥呼が命令したものだとも考えられる。

この墓作りのほかにも、彼女の国政には幾多の犠牲があったことが容易に想像できる。カリスマ女王として群衆を思いのままに操った卑弥呼。その人生は案外孤独なものだったのかもしれない。

女王・卑弥呼は実在したのか？

卑弥呼は人にあらず 役職名・称号だった！

卑弥呼は動乱を治めたカリスマか？

30もの国々を束ね、倭国に君臨したという女王・卑《ひ》弥《み》呼《こ》。1000人の女中を侍らせた、呪術を使った……など数多くの伝説が残る、日本史を代表する人気キャラクターのひとりである。

『魏志倭人伝』によれば、倭国は動乱期にあり、長らく戦が続いていた。やがて疲弊しきった国々は、和平を画策し始める。そこで国々の合意のもと、王としてひとりの女子が擁立された。これが卑弥呼である。

この話からうかがえる卑弥呼像は、まさしく〝カリ

スマ〟。だが、国内が内乱で疲弊する中でカリスマ的女性が登場し、30カ国を統《す》べる王となった……とは、あまりにできすぎた話ではないか。

◆「卑弥呼」とは役職名だった⁉

そこで考えられるのが「卑弥呼とは役職名だった」という説である。平和を求めた国々は、その「象徴」として女性を王にすることにし、「卑弥呼」という役職を設け、代々女性が就くこととなった——つまり卑弥呼とは、国内が平和な状態にあることを示すシンボルだったのだ。

『魏志倭人伝』の「女王卑弥呼が死ぬと男子の王が立てられた。邪馬台国の人々はこれに服さず、内乱状態になり1000人が死んだ」は、〝卑弥呼〟職を廃して男性の王を擁立したが、〝平和の象徴〟がいなくなったことで再び内乱が起きた……と考えられる。倭国の平和は「卑弥呼」あってこそのものだったのだろう。

卑弥呼を巡る歴史年表

年代	出来事
五七	倭奴国王が金印を授与される
一〇七	倭国王の帥升が安帝に拝謁を願う
一四六〜一八四頃	倭国、大乱の時代に突入 卑弥呼が擁立され、王として倭を統治する
二三九	難升米らを中国の魏に派遣。親魏倭王の金印と銅鏡100枚を与えられる
二四〇	魏の使者が倭国を来訪。卑弥呼、詔書・印綬を拝受する
二四三	復遣使を魏に派遣。掖邪狗らが率善中郎将の印綬を受ける
二四五	難升米に黄旗を仮授与
二四七	載斯、烏越らを帯方郡に派遣し援助を請う
二四九頃	卑弥呼死亡(?)。男王が擁立されるも国は混乱。卑弥呼の宗女・壹与が王となる

知られざる古代の建築技術

幻の古代出雲王朝には空中神殿があった！

その高さは東大寺大仏殿を凌ぐ

記紀神話《ききしんわ》によると出雲大社《いずもたいしゃ》は、国護《くにまも》りの神を祀るために「太い柱で、天孫《てんそん》が住むのと同じくらい空高い宮を作れ」との命を受けた大国主命《オオクニヌシノミコト》が、古代における国家的事業として建造したものである。現代でも本殿の高さは24メートルと、神社としては破格の大きさを誇るが、古代にはなんとその高さが倍の16丈（約48メートル）もあったと伝えられている。

しかし、48メートルといえばビル15階分にもなる高さである。これまでは当時の木造の建築技術ではとて

も実現不可能だと考えられてきたが、近年になってそれが実在していた可能性が浮上してきた。

柱の跡から空中神殿の噂が真実に!?

2000年、出雲大社の地下祭礼準備室の建設に伴う事前調査にて、境内《けいだい》から勾玉《まがたま》などのほかに直径3メートルにもなる柱跡が発見された。その大きさから建築史家の福山敏男《ふくやまとしお》がコンピュータで復元を試みた結果、109段の階段と高さ48メートルにもなる巨大な神殿の姿が浮かび上がった！　古代出雲王朝の空中神殿の存在が実証されたのである。

さらに時代を遡《さかのぼ》ると32丈（約96メートル）の社殿《しゃでん》があったともいわれている。とてつもない高さだが、48メートルの建物を作る技術があったのならば、それも不可能ではないという気さえしてくる。多くの謎を秘めた古代出雲王朝には、まだまだ我々の想像を絶するような秘密が隠されているのかもしれない……。

出雲王朝は実在する!?
出雲の近年の出土品

其ノ一

荒神谷遺跡から、出雲王朝のものと思われる358本もの銅剣が出土

其ノ二

三田谷遺跡で金のるつぼが出土。紀元前に作られた可能性もある

其ノ三

出雲大社に直径3メートルの巨大な柱の穴を発見。空中神殿実在説浮上

日本人のもうひとりのご先祖様

歴史から抹消された“もうひとつの朝廷”

●東日本を支配したまつろわぬ民

大和《やまと》地方を中心とする豪族たちが集まり、日本史上最初の統一政権となった大和朝廷。のちに天皇と呼ばれる君主を中心として朝廷を営み、畿内を中心にその勢力を広げていった日本という国家の祖先でもある。

だが、日本にはもうひとつ別の朝廷が存在していた。それが蝦夷《えみし》と呼ばれる集団である。彼らは東北地方から北海道にかけて居住し、主に狩猟や採取で生活しながらも青森県の三内丸山遺跡などに見られるような独自の高い文化を作り上げていた。その後、時代が下る

ともに大和朝廷に吸収され、一部は蝦夷《えぞ》、すなわちアイヌへと繋がったと考えられている。

統一され消された存在

蝦夷の名は『日本書紀』にすでにその記述が見られ「毛皮を着て、肉を食す」野蛮な狩猟民族として扱われていた。大和朝廷への帰属を拒み続けていた彼らは、そのために異族視され「蝦夷」「まつろわぬ者」として中央政府から差別の対象となっていたのである。8世紀ごろには頻繁に大和政権と争い、巣伏《すぶし》の戦いで遠征軍を壊滅させたアテルイの名前などが伝わっている。その後、征夷大将軍坂上《さかのうえの》田村《たむら》麻呂《まろ》らによって征服された蝦夷は、12世紀にはその独立性を失い日本という国家に組み込まれていくこととなる。

ちなみに、宮崎駿のアニメ『もののけ姫』に登場する主人公・アシタカはエミシの村出身。蝦夷の朝廷が彼らの村のモデルとして描かれているのである。

『日本書紀』に残されている3つの蝦夷《えみし》

熟蝦夷《にきえみし》

朝廷からもっとも近いところに住んでいた。性格はおとなしく従順

麁蝦夷《あらえみし》

荒々しい部族で、熟蝦夷の次に朝廷から近いところに住んでいた

都加留《つがる》

朝廷からもっとも遠いところに住み、蝦夷の中でも一番強力な部族だった

鑑定した儒学者の捏造か？

〝漢委奴國王《かんのわのなのこくおう》〟の金印は偽造品だった!?

光武帝からの寄贈って本当？

日本最古の海外交流の証として残されている金印。〝漢委奴國王《かんのわのなのこくおう》〟と記されたその印は後漢《ごかん》の光武帝《こうぶてい》から日本に贈られたものだとされているが、なんとこの金印を偽物だとする説があるのだ。

1784年、福岡県の志賀島《しかのしま》から発見された金印は、儒学者の亀井南冥《かめいなんめい》によって鑑定された。中国史に精通していた彼は、印の面の長さが漢代の一寸と合致していることや同じ形状の金印が中国で発見されていることから、それが『後漢書《ごかんしょ》』に記された金印と同じもの

だと断定。その後は黒田家に伝えられ、1978年に福岡市に寄贈。福岡市博物館に保管・展示されている。

存在自体がでっちあげの可能性も!?

しかしこの金印。真贋《しんがん》については以前から議論が絶えない。疑惑の渦中にいるのは最初に鑑定をした亀井南冥。まず、鑑定の決め手となった印の面の長さが漢代の一寸と合致していることに関しては、文献を読めば江戸時代でも作れるということ。また、中国の印と形は似ているが、作りはあまりに稚拙であることなどが挙げられる。これらの理由に加え、発見時の状況に不明点が多いことから、存在自体、南冥による捏造《ねつぞう》ではないかという疑惑が持ち上がっているのだ。発見当時、南冥が館長を務めた藩校甘棠館《かんとうかん》が開校したこともあり、名声を高めるためだったというのが有力な説である。ただ、地元福岡では長年町おこしにひと役買ってきたこともあり本物と信じて疑わないようだが……。

真実はどれ？　本物説VS偽造説

本物説

・印の面の長さが漢代の一寸と合致している
・ツマミの形状が中国で発見された金印と似ている
・“委奴”は当時の中国の書に記された日本の通称“倭奴国”を指している

VS

偽造説

・漢代の一寸は後世でも文献を読めば調べられる
・中国の印に比べると作りが稚拙
・“委奴”の読みは“わのな”ではなく、福岡県の伊都国を表す“いと”

古代が残した最大の謎

邪馬台国はどこにあるのか!?

有力視される〝畿内説〟と〝九州説〟

弥生時代の2～3世紀に存在したとされる邪馬台国。その位置を『魏志倭人伝』に記された「南、邪馬台国に至る、水行すること十日、陸行すること一月なり」という通りに割り当てようとすると九州以南の海上に辿り着く。いったい邪馬台国はどこにあったのだろう。

邪馬台国の位置を巡っては多くの論争が繰り広げられている。たとえば初期の前方後円墳が現在の奈良に当たる大和を中心に多く分布していることや、前出の『魏志倭人伝』の「南、邪馬台国に至る」の「南」を「東」

真実はどれ？
畿内説・九州説・四国説

VS

四国説

- 『魏志倭人伝』に記載された邪馬台国の特徴が四国に適合
- 四国の山地から弥生時代や弥生時代以前のものとされる土器や壺が発掘されていたり、巨石文化の遺跡が存在するため

に変えると大和に辿り着く。このことから邪馬台国は大和に存在したのではという畿内説が存在する。一方、『魏志倭人伝』に記載のある特有の棺が北九州で多く出土されたり、前述の「水行すること十日、陸行すること一月」などの距離を変えると位置は九州に割り当てられることから〝九州説〟も有力だ。

新たに浮上した〝四国説〟とは？

これまで〝畿内説〟と〝九州説〟が有力視されてきた邪馬台国だが、最近では〝四国説〟もささやかれている。これは、『邪馬台国』の語意を「海から見て、馬の背中のように見える国」とすると、その形が四国に値するということや、『魏志倭人伝』に記載された80項目以上もの邪馬台国の特徴が四国の山上にしか一致しないということが根拠となっている。

30国を統率し戸数7万戸から成立していたという邪馬台国、いったいどこに消えてしまったのだろうか。

畿内説

・『魏志倭人伝』記載の「方角」を変えると大和に行き着く
・卑弥呼が魏からもらったとされる鏡が出土している
・人口も多く、日本の中心に位置しており都に適している

VS

九州説

・『魏志倭人伝』記載の「距離」の捉え方を変えると九州に辿り着く
・倭人伝に書かれた邪馬台国特有の棺が九州にて多数出土
・吉野ヶ里遺跡で弥生時代中期最大の墳丘墓が発見された

お釈迦様にもわかるまい

日本への仏教伝来は538年ではない!?

仏教伝来の年はふたつある

仏教が日本へ伝わった年は、一般に西暦538年のこととされている。日本仏教興隆の祖である聖徳太子《しょうとくたいし》の伝記とされる『上宮聖徳法王帝説《じょうぐうしょうとくほうおうていせつ》』や『元興寺伽藍縁起《がんごうじがらんえんぎ》』に「天國案春岐廣庭天皇七年歳戊午十二月」との記述があり、歴史の教科書にも記されていることから、この年に仏教が伝来したと考えている人が多い。

ところが、仏教伝来の年にはもうひとつ有力な説がある。一般的に正史といわれる『日本書紀』によると、仏教伝来は552年のことだというのだ。一体なぜこ

のようなズレが生まれてしまったのだろうか？

権力争いが生んだズレ

『日本書紀』には、欽明《きんめい》天皇の時代に百済《くだら》の聖王《せいおう》が朝廷へ使者を遣わし、仏像や経典が贈られた552年こそが仏教伝来の年であると記されている。また、538年の倭の天皇は『日本書紀』によれば宣化《せんか》天皇であり、「仏教は欽明天皇の代に公伝した」と書かれた『上宮聖徳法王帝説』などの記述に矛盾も生じる。実際に552年に使者の訪問はあったそうなので、この説の信憑性は非常に高いといえるだろう。

一方で仏教は538年に伝来したが、この当時は宣化天皇を擁立する廃仏派の物部《もののべ》氏と、欽明天皇を擁立する崇仏派の蘇我《そが》氏の間で対立が起こり、ふたつの朝廷が存在する時代であった。つまり、仏教伝来552年説は、朝廷内争いの事実を隠蔽しようとした〝痕跡〟なのである。

仏教が伝来した年　その他の説

545年説

百済王が日本の国王のために仏像を作った年であることから

548年説

百済の聖王26年に伝えられたという仮説を元にするとこの年になる

その他説

特定せず、6世紀半ば、欽明天皇の代に百済の聖王により伝えられたとする

藤原不比等《ふじわらのふひと》によって創造された人物？

偉人・聖徳太子は実在しなかった⁉

日本史を変えた？　偉大なる人物

日本の歴史を語る上で、決して欠かすことのできない人物のひとり、聖徳太子（厩戸皇子《うまやどのおうじ》）。遣隋使の派遣を行なったり、「冠位十二階」や「十七条憲法」を制定したり、さらには四天王寺・法隆寺などを建立したりと、古代日本において重要な役割を次々に果たした日本が世界に誇る「偉人」である。さらに、現代には彼にまつわるさまざまな伝説が語り継がれている。複数の人物が同時に発した声を聞き分けることができる「豊聡耳《とよとみみ》」は現代に伝わる太子伝説の中でももっとも

聖徳太子の肖像画は旧１万円札などにも印刷された

有名な話だろう。

今も語り継がれる〝太子出生伝説〟

また、その出生も伝説的。太子の母・穴穂部間人皇女《あなほべのはしひとのひめみこ》は処女受胎で太子を身篭もったというのだ。

穴穂部間人皇女の前に現れた全身金色の僧侶が「しばらく皇女の腹に宿る」と皇女の口から体内に入って身籠った……というのがことの起こり。それから1年後となる1月1日、皇女は陣痛もないまま子を出産。これが聖徳太子誕生の経緯だが、彼は生まれたとき小さな手に〝仏陀の骨〟を握りしめていたともいわれている。

もしこれらの太子に関する伝説が真実ならば、太子はもはや神の域。キリストや釈迦もびっくりだ。ここで浮上するのが聖徳太子は実在する人物ではなく、後の人間が作り上げた空想上の人物ではないかという説である。

聖徳太子は都合よく創造された人物なのだろうか

太子は日本書紀にしか存在しない？

さまざまな文献に名が残っていることから、厩戸皇子は確かに実在したようだ。しかし聖徳太子という人物は、『日本書紀』編纂時に藤原不比等《ふじわらのふひと》らによって創られた可能性がある。これは大化の改新で中大兄皇子《なかのおおえのおうじ》と中臣鎌足《なかとみのかまたり》によって暗殺された蘇我入鹿《そがのいるか》が、生前に王権を握っていたという事実を抹消するためだと考えられる。不比等は「大化の改新は正当な政争であり、蘇我氏が悪者だった」と主張したかったのだ。

しかし、当時は藤原一族に不幸が立て続けに起こっていたので、もしそのように改変してしまえば蘇我氏の祟りが怖い。当時の日本人にとって、死を遂げた者の怨念が何よりも恐ろしいものだったのだ。そこで蘇我一族の中に「聖徳太子」という善人を作り上げ、さらに蘇我氏の功績を太子ひとりに託すことで、蘇我氏の怨念を鎮めたのである。

歴史に残されたいくつもの矛盾点

この新説には根拠がある。まず、太子の肖像画。そこに描かれた衣服、冠、シャクは当時存在しなかったものばかりだという。

また、太子が作ったとされる「十七条憲法」が不比等らの『日本書紀』の中にしか出てこない点も不自然。そのほか、太子が書いたとされる『三経義疏《さんぎょうぎしょ》』は中国で書かれたものから引用された可能性が高く、『四天王寺縁起《えんぎ》』は太子が死んだとされる年から400年後に作られたものとして記録されている。調べれば調べるほど、「偉人」聖徳太子が存在した根拠が薄れていくのはなぜなのだろうか。

これまで存在していたのが当然だと思われてきた聖徳太子。太古の昔に歪められた歴史を補正するために生み出された虚像だとすれば、あまりにも悲しい存在である。

今に伝わる〝聖徳太子〟の生涯

年代	出来事
五七四	用明天皇の皇子として生誕
五九三	摂政となって推古天皇を補佐。四天王寺を建立
五九四	仏教興隆の詔を発す
六〇一	斑鳩宮を建立
六〇三	冠位十二階を制定
六〇四	憲法十七条を制定
六〇七	小野妹子を隋に送る
六一五	三経義疏を著す
六二二	斑鳩宮で逝去

国書の紛失は故意？

小野妹子《おののいもこ》の大失態は「完全犯罪」だった！

1世紀ぶりの日中外交に貢献した男

飛鳥時代、遣隋使として隋に渡った小野妹子《おののいもこ》。彼は長く危険な航海の末に隋へとたどり着き、先進国であった隋との外交関係を築いて進んだ文化を日本に取り入れた。日本の歴史上に今なお名を残す偉人である。

そんな妹子だが、隋の皇帝・煬帝《ようだい》から賜った国書を失くしてしまうという大失態を犯したことは、あまり知られていない。その理由は「帰国途中に百済《くだら》の人々に襲われて国書を奪われてしまった」から。朝廷ではその失態に対して処罰を望む声は少なくなかったが、

遣隋使・小野妹子の足取り

其ノ一

推古天皇の摂政だった聖徳太子の命令で遣隋使として隋に渡る

推古天皇は彼を赦《ゆる》した。本来であれば処罰されてしかるべきなのに、なぜ彼女は妹子を赦したのだろうか。

国書は妹子があえて捨てた!?

この事件の根本的な原因は、日本が隋に献呈した国書にあった。日本を〝日の出のようにこれから栄華を極めようとしている〟、隋を〝日が沈むように衰退していく〟ようにたとえた「日出づる処の天子・書を日没する処の天子に致す」という文面に、随の煬帝は憤慨！　他国を見下しながら外交を進める日本を非難した文書を小野妹子に手渡した。妹子はこの文書を見て思い悩む。隋の皇帝を怒らせてしまったことが明らかになれば、推古天皇の立場がないと考え、清水《きよみず》の舞台から飛び降りる気持ちでその国書を捨てたのだ。

妹子が機転を利かせたことを察した推古天皇は、彼の不処分を決定。国書紛失事件は推古天皇と妹子による〝完全犯罪〟だったのである。

其ノ二
煬帝に国書を献呈するも憤慨される。翌年、帰国する

其ノ三
煬帝からの書は百済人に奪われて紛失したと告白。朝廷で大問題に

其ノ四
朝廷では妹子を流刑に処す声が上がるが、推古天皇はそれを赦した

６００年に隋に渡った使者がいた！

小野妹子は最初の遣隋使ではなかった!?

『隋書』に書かれたもうひとりの遣隋使

６０７年、遣隋使《けんずいし》として隋へ渡った小野妹子《おののいもこ》。だが、彼より７年も前に隋へ派遣された人物がいた！

妹子の渡航が記された『日本書紀』には〝６００年の遣隋使〟の記録はない。だが、『隋書』の東夷《とうい》伝《でん》倭《わ》国条《こくじょう》によると、この〝６００年の遣隋使〟は隋の文帝《ぶんてい》に倭国の政治や風俗についての話を伝えたという。ところが文帝はそれを「義理のないもの」と評した。これを〝蛮夷《ばんい》な国〟と侮辱されたと受け取った倭国は『日本書紀』への記録を見送ったというのだ。

妹子が『日本書紀』に記載されたワケ

その後、607年に小野妹子が隋へと渡る。当時、ヤマト政権は朝鮮南部に保持していた勢力基盤が危うく、隋は中国を統一して高句麗《こうくり》遠征を企んでいた。この情勢下で、ヤマト政権は隋と〝独立した国〟としての外交関係を結ぼうと考えた。この目的を果たすための外交使節として選ばれたのが小野妹子だったのだ。

彼は隋の皇帝・煬帝《ようだい》に国書を提出。そこに綴られた文言が煬帝を激怒させ、妹子は帰国することになるが、〝600年の遺隋使〟と違って彼は隋の使者を伴って帰国。隋は高句麗とヤマト政権が結束しないよう、良好な関係を結ぼうとしたのである。

結果、友好の証として隋の使者を連れて帰ってきた妹子は政権の期待に応えたことになる。この功績が評価され、『日本書紀』に〝初めて〟の遺隋使として記録された……というのが遺隋使を巡る真実なのだ。

遣隋使の歴史年表

年代	出来事
六〇〇	第1回遣隋使派遣
六〇七	小野妹子らに国書を持たせて遣わす
六〇八	小野妹子を再び隋へ学問僧として新漢人日文ら隋へ留学
六一〇	第4回遣隋使派遣
六一四	第5回遣隋使派遣。犬上御田鍬らが隋へ
六一八	隋が滅びる

ふたりの男を手玉に取っていた⁉

壬申の乱が起きたのは額田王《ぬかたのおおきみ》のせいだった⁉

乱の発端は三角関係？

天智天皇《てんちてんのう》の息子である大友皇子《おおとものおうじ》と、同母弟である大《おお》海人皇子《あまのおうじ》（後の天武天皇）が激しい戦いを繰り広げた壬申《じんしん》の乱。原因は皇位継承問題だといわれるが、本当はもうひとつ理由がある。それが天智天皇と大海人皇子、そして絶世の美女として知られる万葉歌人・額田《ぬかたの》王《おおきみ》の三角関係である。

もともと額田王は大海人皇子と結ばれていたが、天智天皇がその間に入り、額田王を奪ったのだ。その関係は万葉集に残された和歌から推測される。

和歌が示す愛憎の真実

その和歌こそが、この2首である。

「茜指す紫野行き標野行き野守は見ずや君が袖振る」（立ち入り禁止の紫野を行き来しているあなた。野の番人に見咎められはしないでしょうか。あんなに私に袖をお振りになったりして）

「紫の匂へる妹を憎くあらば人妻ゆゑに我恋ひめやも」（紫草のように美しいあなたよ。憎く思うなら人妻と知りながらあなたに恋などするだろうか）

前者は額田王、後者は大海人皇子が詠んだものである。額田王は御料地《ごりょうち》を通って会いにくる大海人皇子への思いを綴り、大海人皇子は天智天皇の〝妻〟である額田王への愛を詠っている。この三角関係の愛憎が絡み合い、国中を巻き込む戦乱へと発展したのだ。

ふたりの男に愛された額田王。たとえ悪気はなかったとしても、彼女が乱の原因だった事実は変わらない。

額田王を巡る 人物相関図

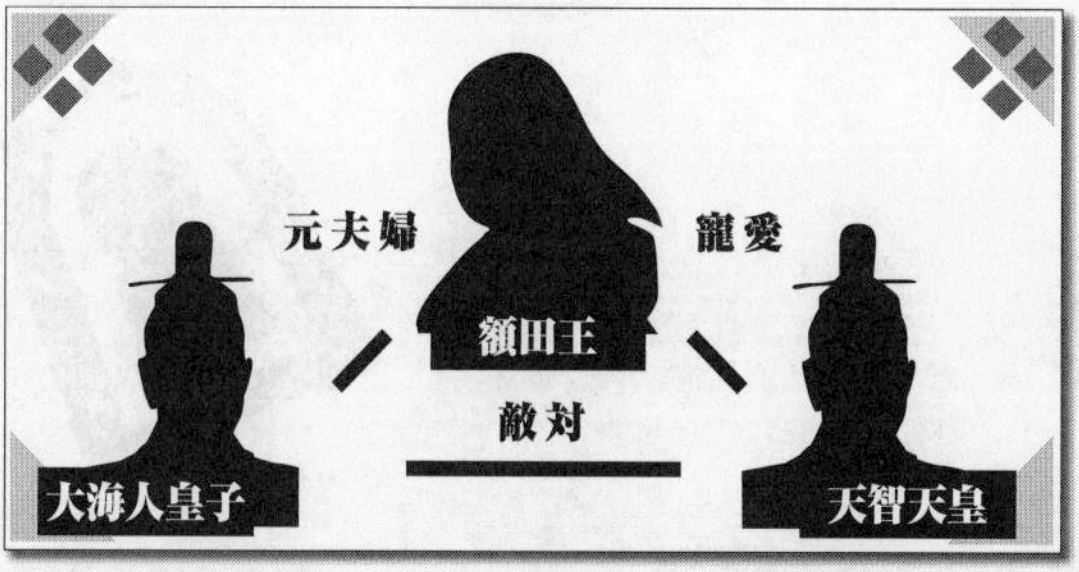

石が示すものとはいったい？

飛鳥時代から残る謎の石造物の正体は？

数多く残された石の遺跡

奈良県明日香《あすか》村には飛鳥時代の遺物が数多く残されているが、中でも目を引くのが石の遺跡である。〝猿石〟〝亀石〟など見かけに応じて名前がつけられているが、これらは何のために存在していたのだろうか？

一説によると、猿のような動物をかたどった〝猿石〟に関しては、その軽妙な見かけから客人をもてなすためなどといわれ、巨大な亀のような形をした〝亀石〟は、それが置かれている川原寺《かわらでら》の所領の四隅を示す石標といわれている。どちらにしても推測の域を出ないもの

だったが、近年これらの石造物は〝水〟に関係したものではないかという説が立てられている。

正体を暴くキーワードは水か？

飛鳥の人々は近くに流れる飛鳥川を中心に、水の制御も行なっていたとされており、治水技術が進歩していた。水落《みずおち》遺跡の水時計の遺構や噴水施設など石を使った遺跡も多く、謎の石造物もそれらと同様に水との関わりが示唆されているのだ。中でも注目されているのが、円形の窪みとそれらをつなぐ溝が掘られた〝酒船石〟といわれる石である。以前は酒の醸造に使われていると思われてきたが、近くに呪術的な文様をした亀形の石槽《せきそう》が発見されたことから、占いや祭祀《さいし》に使われていたのではないかといわれるようになった。いずれにしろ水に関連したものであることは間違いない。

まだまだ謎が残る飛鳥の遺跡だが、水と結びつけることで答えが見つかるはずである。

謎の石造物にまつわる数々の噂

猿石	亀石	酒船石
そのひょうきんな表情は、伎楽の演者を表現しているのではないか？	亀石の頭は少しずつ角度を変えており、西を向いたとき大洪水が起きる？	周りが庭園のようになっていることから、観賞用に作られたのでは？

二転三転する貨幣問題の行方は……?

日本最古の流通貨幣は和同開弥《わどうかいちん》? 富本銭《ふほんせん》?

世紀末に出土した富本銭

近年まで日本最古の流通貨幣は７０８年に鋳造された和同開弥《わどうかいちん》だといわれてきたが、１９９９年に飛鳥池《あすかいけ》遺跡から発見された銅銭によって、その歴史が覆されようとしている。その銅銭は名を富本銭《ふほんせん》という。『日本書紀』には６８３年に銀銭、銅銭が発行されたとの記述があり、それがこの富本銭ではないかとささやかれている。そうなると、和同開弥より古い貨幣ということになるが、和同開弥のように流通貨幣として使われていたとはまだ言い切れない。

流通していた証拠はないが……

富本銭が流通貨幣でないとする根拠としては、発行直後に私鋳銭《しちゅうせん》を禁じる法令が出された記録がなかったこと、宗教的な目的を持った厭勝銭《えんしょうせん》として作られた可能性があることなどが挙げられる。前者は、和同開珎発行直後に私鋳銭を禁じる法令が出ていたことからの考察で、この法令がないと私鋳銭を容認していたことになる。後者は、当時の宗教事情から考えられたものであり、『日本書紀』の記述も厭勝銭に関する規定であったとする説である。和同開珎と比べると広く貨幣として使われていた記録が残されていないのである。

だが、富本銭発行から和同開珎発行までわずか25年しかなかったことを考えれば、情報が少ないのもうなずける。たしかに証拠はないが、否定側の意見からは、どうもこの富本銭を流通貨幣として認めたくないという傾向があるようにも見えるのだが……。

知っておきたい用語集

私鋳銭

公の金ではなく私的に偽造された銭のこと。贋金。奈良時代から使われ始め、室町時代中後期には最盛期を迎えていた。鎌倉、堺、博多などでは工場跡が見つかっている

厭勝銭

まじないに使うために吉祥の文句や特殊な図像を刻んだ銭。中国では漢の時代から作られており、日本では室町から江戸時代にかけて作られたといわれている

古代最大の都はなぜ遷都されたのか

平城京への遷都は藤原不比等《ふじわらのふひと》の策略

巨大な都城〝藤原京〟

710年、日本において最初で最大とされてきた藤《ふじ》原京《わらきょう》が、平城京《へいじょうきょう》へと遷都した。その理由は、当初藤原京が手狭になったからだと考えられていた。

しかし、1990年代に入って〝京極大路《きょうごくおおじ》〟が発見され、そこで藤原京の規模は少なくとも25平方キロメートルあり、遷都先となった平城京の規模をもはるかにしのぐ〝古代最大の都〟であることが判明したのである。これにより、従来の定説では筋が通らなくなった。手狭になったために遷都したなら、平城京はそれ

藤原不比等。天皇は遷都したのではなくさせられたのだろうか

以上の大きさでなければならないからだ。また、藤原京はたった16年間で廃しているため、老朽化したために遷都したというのも考えにくい。

遷都には天皇も反対だった！

それではなぜ藤原京は遷都されなくてはならなかったのか。その理由として、これまで「飢饉が続いて招福を願うために遷都した」「藤原京の位置のままでは不便だった」さらには「中国の都に倣《なら》って建てたが、実際とは異なっていたために建て直しを図った」などさまざまな説が取り沙汰されてきた。

しかし、それらはどれも憶測にすぎず、どの説も疑問視されているのが現状だ。さらに疑問を呼ぶのが、天皇自身も遷都には反対していたということである。遷都しておいて実は乗り気ではなかったようだ。

それもそのはず、遷都には相当な費用や負担がかかることは明らかなことだった。事実、元明《げんめい》天皇は移る

平城京への遷都を巡る 人物相関図

・移動するのにお金がかかるから移動したくない
・国民もあまり乗り気でない
・豪族たちの勢力下の飛鳥から離れたい
・中央集権国家を目指したい

前に、遷都することを残念に思う気持ちを歌にしている。それでも遷都する結果に至ったのには、よほど重大な理由があったと推測できる。

藤原氏に最大のチャンスが到来！

そこで浮上したのが、「誰かによって無理やり遷都させられた」という〝黒幕説〟である。

その黒幕に該当し得る人物がひとりだけいるのである。時の実力者・藤原不比等《ふじわらのふひと》だ。当時、父の藤原鎌足《ふじわらのかまたり》が乙巳《いっし》の変・大化の改新で大活躍したこともあって、これまで皇族の手助けしかできなかった藤原氏にも政治の中心を担う大チャンスがまわってきていたのだ。

しかし、ほかの臣下の中には古い体制を維持したいという者や、もともとは中臣《なかとみの》（藤原）鎌足に反発していたために藤原一族に敵意を示す者が混在していたのも事実。中央集権国家を目指して政治をしていきたいと考えていた不比等にとって、藤原氏に反対の姿勢をとる者や古い体制を推進する者たちがうようよしている飛鳥＝藤原京のある土地は、自分たちが政治の舞台で活躍するには大変都合の悪い場所だったのである。

実力者・藤原不比等の思惑とは？

そんな折、平城京に遷都するという話が転がり込む。平城京の建設予定地には、邪魔な豪族もまだ勢力を伸ばしていなかった。さらにいえば交通の便なども含め、政治を進めていくには好条件だった。そのため、不比等は平城京への遷都に大賛成！　天皇に遷都を強行させた……というわけである。

不比等の評判は決して悪いものばかりではないが、〝父親・藤原鎌足の評価を上げるために『日本書紀』を思うように編纂《へんさん》してしまった〟という説もある。遷都に関しても、父・鎌足から得たせっかくのチャンスを台無しにしてはならない、という不比等の個人的な想いがあったのではないだろうか。

念願の来日を果たした僧

「鑑真《がんじん》＝盲目」説は間違いだった？

渡航中の鑑真を襲った悲劇

栄叡《ようえい》、普照《ふしょう》とともに743年から何度も渡日を試みた鑑真《がんじん》。しかし、すべての渡日に失敗、そして5度目の渡航中には栄叡が病に倒れて亡くなってしまう。この栄叡の死のショックと、ピークに達した渡航での疲れのダブルパンチで、鑑真は両目の視力を失ってしまった……というのがこれまでの通説。ところが最近、鑑真の視力は完全には失われておらず、ものを見ることができたのではないか……という新説が浮上した。証拠は、正倉院《しょうそういん》に伝わる〝鑑真書状〟の中にある。

5度目の渡海挑戦 鑑真が日本に辿りつくまで

其ノ一

748年。日本を目指して出航。しかし暴風に見舞われて漂流

これは、鑑真の失明後に彼の弟子によって書かれたといわれてきた文書だが、筆跡がこれまでに見つかった彼の弟子たちの筆跡と異なることが明らかになったのだ。さらにいえば、最後に「鑑真」と記された署名部分は、かなり崩された文字で書かれている。これが弟子の文字であれば、尊敬する師の名前を崩して書くことなどあり得ない。鑑真が書いたものだとすれば〝失明説〟が揺らぐことになる。

不自然な運筆と2度書きの跡

さらにその文書の文字には、目に障害を持つ人特有の、不自然な力が加わった筆使いが見られるという。さらに、はっきりと視力がなければまず不可能な〝2度書き〟の跡も発見された。これらの証拠から考えると、鑑真に視力が残っていた可能性は高い。不自由ながらも残された少しの視力で、鑑真は自分が生きていた〝証〟を後世に残したのである。

其ノ二	其ノ三	其ノ四
14日間にわたる漂流の末、海南島へ漂着。約1年間滞在	751年、再び日本を目指し出航。しかし、途中で栄叡が死去（このときに失明したといわれている）	753年、大伴古麻呂の大使船に乗船、念願の来日を果たす

万葉集に秘められた「罪人」たちの想い

有間皇子《ありまのみこ》、大津皇子《おおつのみこ》、エトセトラ……

無念な想いが伝わる〝罪人〟たちの歌

飛鳥・奈良時代に編纂されたとされる現存最古の歌集『万葉集』。350年もの長い年月をかけ、上は天皇から下は一般庶民まで、幅広い身分の人々の歌が4500首以上も収められた貴重な歌集だ。

幅広いというだけあって、中には罪人と〝された〟者たちの歌も存在する。あえて〝された〟とした。実は彼らは無実だったのだ。

たとえば中大兄皇子《なかのおおえのおうじ》に罪を着せられた有間皇子《ありまのみこ》。彼は連行された際に「ふたたび無事に戻ることができれ

継承争いに巻き込まれた大津皇子《おおつのみこ》

其ノ一

鵜野讃良皇女《うののさらら》（持統女帝）は夫が天皇となり、皇后となる

ば、この松枝の結び目を見ることもできるのに」と、生きて帰ることを切実に願う歌を残している。

さらに持統女帝《じとうじょてい》が息子に跡を継がせるために濡れ衣を着せられた大津皇子《おおつのみこ》。彼の姉が無実の罪を着せられた弟の運命を想い、やるせない気持ちを表現した歌も万葉集には収められている。

真実を主張できない理由

濡れ衣であることが明白なのに汚名が晴らされなかったのは、「国家の理論」が優先されたため。彼らの無実を認めれば、天皇が罪をなすりつけたことが明らかになってしまう。天皇が絶対とされていた時代、これを認めるのは不可能だった。どんな身分であろうと、天皇の誤りを指摘することは許されなかったのだ。

万葉集にこうした〝罪人〟の歌が収められているのは、濡れ衣を着せられた人々の無念を、少しでも軽減させたいという選者の想いがあったからかもしれない。

其ノ二

夫の没後は、自分の息子を皇太子にしようと企む

▶

其ノ三

しかし、皇太子には姉の皇子、大津皇子が有力視されていた

▶

其ノ四

大津皇子に濡れ衣を着せ、処刑させることで自分の子を皇太子にした

美しいバラにはトゲがある

小野小町《おののこまち》は男を自殺に追い込んで呪われた!?

幾多の男を惑わした美女

六歌仙のひとりに数えられるほどの歌の才と、世間がうらやむ美貌を併せ持った小野小町《おののこまち》。出自についてはくわしく明かされていないが、その美貌に関するエピソードは数知れず。男からいい寄られる類の話は枚挙に暇《いとま》がない。中でも有名なのが「深草少将《ふかくさのしょうしょう》の百夜《ももよ》通い」である。

要約すると内容は次のようになる。小町にひと目ボレした深草少将が求愛したところ、彼女は「百夜通い続けたら契りを結ぶ」と約束。その要求を受けた少将

は居宅から小町の住む里までの5キロの道のりを毎晩通い続けた。だが99日目の夜、少将は大雪に見舞われ、志半ばにして凍死してしまう……。

思わせぶりな態度をとっておいて……

このエピソードを聞くと、無残にも結ばれなかった男女の悲恋の物語のようにも見えるが、実はこの話には小町の悪女性が表れた別のエピソードがある。

少将が通い始めて100日目の晩、小町は何と約束を破って逃げ出してしまったというのだ。追いかけてくる少将から逃れるために、小町は侍女に自分の服を着せて身代わりにした。それを見た少将は怒り狂い、池に身を投げたという。

小町の晩年に焦点を当てた能楽「卒都婆《そとば》小町《こまち》」には、彼女が少将の霊にとりつかれて没落した姿も描かれている。美しさゆえに多くの男を惹きつけた小町だが、それゆえに生まれた悲劇は数知れない。

小野小町を読む

絶世の美女の人生丸わかり！

小野小町の人生を彼女が遺した歌を元に再構築した歴史絵巻。謎に包まれた美女の知られざる一面を描く。著者は『子育てごっこ』で文学界新人賞、直木賞を受賞した三好京三

『小説 小野小町伝説』
三好京三　鳥影社

さげすまれ「出世」を渇望

陰陽師・安倍晴明《あべのせいめい》は出世欲丸出しの俗物？

出世するため陰陽師になった晴明

安倍晴明《あべのせいめい》といえば希代の陰陽師《おんみょうじ》。京都にある晴明神社は、今も参拝者の姿が途絶えないほどの人気ぶりだ。

平安中期を舞台に活躍した彼はやがて「天文博士」という称号を得たが、それは晴明52歳のこと。意外にも遅咲きだ。というのも、彼はもともと朝廷の下級官吏。親の七光りやコネがない彼は朝から晩まで雑用に勤《いそ》しんだという。やがて役人としての将来に見切りをつけ、キャリアアップを図った彼が目をつけたのが「陰陽師」という職だった。

疫病神退治をする安倍晴明

当時、最先端の呪術・科学であった天文道のエキスパート・陰陽師は重用され、朝廷内でも強い発言力を持っていた。彼は将来の見込みがない役人を辞めて、新たに陰陽師として出世をもくろんだのである。

晴明にまつわる出生の秘密

彼はなぜ役人を辞めてまで出世にこだわったのか？　それは、彼の出生の秘密に起因している。

彼に関する逸話に「晴明は和泉国《いずみのくに》信太《しのだ》の森の老狐から生まれた」というものがある。ある日、常陸国《ひたちのくに》筑波山麓の猫島に、遊女に化けた老狐がやってきた。老狐はそこで安倍仲麻呂《あべのなかまろ》の子孫という男と結ばれ、清明が誕生したというのだ。それゆえ、彼は幼い頃から「狐から生まれた化け物」と周囲からけむたがられたという。そんな不名誉なレッテルを貼られて育った彼にとって、周囲の声を黙らせるためには役人という地位を捨ててでも「出世」するしかなかったのだ。

安倍晴明の驚くべき術の数々

其ノ一

紙に霊力を吹き込んで鳥や動物の形をした式神を作り、自在に操った

其ノ二

呪文を込めた草の葉を蛙の上に投げ落とすと、蛙は潰れて死んでしまった

其ノ三

十二神将という12人の武神を操り、酒の支度や掃除洗濯などをさせた

中世を代表する女流作家のえげつない行為

ライバルの悪口を日記に書いた紫式部《むらさきしきぶ》

清少納言に対する強烈なダメ出し

紫式部《むらさきしきぶ》といえば、平安時代を代表する女流作家・歌人だが、彼女は著作の中に、名のある宮廷女性たちの人物評を多く書き残したことでも知られている。いずれも、どちらかというとシビアな評価が多いが、中でも当時ライバルとされていた清少納言《せいしょうなごん》に対する評価は辛辣《しんらつ》のひと言。

『紫式部日記《むらさきしきぶにっき》』の中で、彼女は得意げに漢字を使っているがよく見ると間違いが多いとか、このような人間の行く末がいいわけがないとか、清少納言に対して、

かなりきついことを書いている。ここまでくると人物評というよりただの悪口だ。

なぜ、紫式部は清少納言のことをここまでこきおろしたのか？　それはお互いの主人同士の対立が深く関係している。

后たちの確執が女房に波及

ときの一条天皇《いちじょうてんのう》は藤原道隆《ふじわらのみちたか》の娘・定子《ていし》を皇后とし、藤原道長《ふじわらのみちなが》の娘の彰子《しょうし》を中宮《ちゅうぐう》としていた。

清少納言は定子の女房《にょうぼう》（朝廷や貴族に仕えた女性使用人）で、紫式部は彰子の女房だった。天皇の寵愛を競うふたりの后《きさき》のライバル関係が、女房間の関係にも影響を及ぼさないはずがない。紫式部の清少納言に対する評価の背景には、そうした確執があったのではないかといわれている。単純に紫式部が清少納言の才能に嫉妬していたのではないかという説もあるが、こちらはこちらで文学者らしい生々しさがある。

紫式部を読む

漫画で読む『源氏物語』

紫式部といえば『源氏物語』だが、あまりに長大で気軽には手に取りづらい。そこでお勧めなのが『あさきゆめみし』だ。少女漫画と侮るなかれ。全54帖がほぼ忠実に描かれている

『あさきゆめみし』大和和紀　講談社

零落しても勝ち気な性格は変わらなかった

清少納言《せいしょうなごん》は老いてなおイヤ〜な女だった!?

宮廷生活を綴った『枕草子』

清少納言は生家の清原《きよはら》の姓にちなんだ女房名で、本名は未詳とされている。歌人・清原元輔《きよはらのもとすけ》の晩年の娘で、981年頃に結婚するが後に離別、993年頃から一条天皇の中宮定子に仕えた。

明るく機知に富み、才気溢れる清少納言は、定子の寵愛を受ける一方、公卿《くぎょう》たちとも交わって宮廷生活を謳歌した。そうした生活の記録を作品としてまとめたのが彼女の代表作『枕草子《まくらのそうし》』である。

中宮定子は次女を生んだ後、産後の肥立ちが悪く、

24歳の若さで世を去った。それは清少納言にとっても、宮廷生活の終わりを意味する出来事だった。

老いても才女を気取る清少納言の業

清少納言は日頃から、何が何でも一番と思われていたいと、定子に心中を語っていたという。どうやら平安時代を代表する才女の実像は、勝ち気で高慢な女性であったようだ。

そんな清少納言も、定子の死によって庇護者を失うと、宮廷を去るハメになった。再婚もしたようだが、晩年はすっかり落ちぶれたとされる。後年、ある公家が彼女の住む郊外のあばら屋の前を通りかかったとき、落魄《らくはく》した生活を哀れんでみせた。すると清少納言が老いた顔を出し、「駿馬の骨は買い手がある」と切り返したという。骨となっても貴ばれる名馬に自らを例えたのだ。落ちぶれてなお変わらない、清少納言の勝ち気な性格をよく表したエピソードといえよう。

清少納言のトリビア

本名未詳の理由

当時、女性は不浄な陰のものとして扱われていたため、名前を正式な記録に残さないのが通例であった。清少納言の本名が残らなかったのもそのためといわれている

派手な恋愛遍歴をたどった歌姫

天才歌人・和泉式部《いずみしきぶ》はアバズレ女だった!?

結婚しても恋に夢中!?

和泉式部《いずみしきぶ》は中古三十六歌仙のひとりで、王朝歌人の中でも随一といわれるほど才能に恵まれていた。私生活では15歳にして和泉守《いずみのかみ》橘道貞《たちばなのみちさだ》に嫁ぎ、1女を産むが、道貞の陸奥赴任に際して寒い国に行きたくないとわがままをいって、夫を単身で送り出した。

都に残った式部は、夫の留守中、漁色家で知られる為尊親王《ためたかしんのう》に口説かれて関係を持つ。彼を忘れられずに恋文にしたためて贈ったのが、小倉百人一首にも採られた「あらざらむ　この世のほかの　思ひ出に　今ひ

とたびの　逢ふこともがな」という歌である。

最愛の男性を立て続けに失い……

為尊親王が26歳で早世すると、間に何人かの男たちとの味気ない関係を経て、運命の相手・敦道親王《あつみちしんのう》と出会う。彼は為尊親王の弟で、兄に輪をかけて美男で、かつ男らしかった。ふたりは当然のごとく恋に落ち、のぼせ上がった敦道親王は、式部を自分の館に連れ込んでしまう。こうした敦道親王との日々を記したのが『和泉式部日記』である。

幸せは長く続かず、敦道親王も兄同様に早世してしまう。宮廷に出仕した式部は、すでに離婚していたこともあり、40歳過ぎで摂政・藤原道長《ふじわらのみちなが》の四天王のひとりである藤原保昌《やすまさ》と再婚した。道長から「浮かれ女」と評された式部だが、恋愛遍歴の最後はこの保昌となったようだ。夫の任地・丹後に下った後の晩年は、派手な前半生から一転、寂しいものだったという。

知っておきたい用語集

和泉式部日記

和泉式部が記したとされる、日本の代表的女流日記文学。内容は恋愛物語であり、恋心を和歌に託してやり取りする場面が多い。敦道親王の死後１年の間に書かれたといわれている

参考文献

『教科書が教えない歴史』藤岡信勝、自由主義史観研究会（産経新聞社）
『逆説の日本史3 古代言霊編』井沢元彦（小学館）
『逆説の日本史12 近世暁光編』井沢元彦（小学館）
『本当はもっと面白い戦国時代』神辺四郎（祥伝社）
『松平定知が選ぶ「その時歴史が動いた」名場面30』NHK取材班編（三笠書房）
『戦国武将名言録』楠戸義昭（PHP研究所）
『驚愕！歴史ミステリー』（コスミック出版）
『戦国武将の名言に学ぶ』武田鏡村（創元社）
『日本史年表・地図』児玉幸多編（吉川弘文館）
『その時歴史が歪んだ 信長異聞録』（ぶんか社）
『別冊歴史読本 戦国時代人物総覧』（新人物往来社）
『改訂新版 戦国群雄伝』（世界文化社）
『改訂新版 日本史の謎』（世界文化社）
『徳川慶喜と将軍家の謀略』（世界文化社）
『肖像画をめぐる謎 顔が語る日本史』（世界文化社）
『織田軍団 覇業を支えた常勝集団のすべて』（世界文化社）
『邪馬台国と卑弥呼の謎』中江克己（学研）
『スキャンダル！日本史』武光誠（河出書房新社）
『真説 日本誕生 黄金の女王・卑弥呼』加治木義博（KKロングセラーズ）
『実録戦後 女性犯罪史』（コアマガジン）
『歴史を彩った悪女、才女、賢女』安西篤子（講談社）
『日本史人物「女たちの物語」上・下』加来耕三、馬場千枝（講談社）
『日本人の恋物語』時野左一郎（光人社）
『驚愕！歴史ミステリー』JB、山口敏太郎ほか（コスミック出版）
『悪女と呼ばれた女たち』小池真理子（集英社）
『日本をつくった女たち』仙道弘（水曜社）
『戦国武将への大質問』歴史の謎研究会（青春出版社）
『歴史を動かした女たち』高橋千劔破（中央公論新社）
『日本夫婦げんか考』永井路子（中央公論新社）
『男をむさぼる悪女の日本史』片岡鬼堂（日本文芸社）
『悪女・賢女の日本史』中江克己（日本文芸社）

『日本史・激情に燃えた炎の女たち』村松駿吉（日本文芸社）
『歴史をさわがせた女たち 日本篇』永井路子（文藝春秋）
『戦国の意外なウラ事情』川口素生（PHP研究所）
『世界の「美女と悪女」がよくわかる本』世界博学倶楽部（PHP研究所）
『戦国時代の「裏」を読む』中村彰彦（PHP研究所）
『日本史未解決事件ファイル』日本博学倶楽部（PHP研究所）
『戦国武将怖い話、意外な話』楠戸義昭（三笠書房）
『悪女たちの昭和史』松村喜彦（ライブ出版）
『日本の歴史101の謎』小和田哲男（三笠書房）
『学校では教えない日本史』歴史のふしぎを探る会（扶桑社）
『歴史の意外な「ウラ事情」あの事件・あの人物の〝驚きの事実〟』日本博学倶楽部（PHP研究所）
『〔図解〕日本史未解決事件ファイル』日本博学倶楽部（PHP研究所）
『〔図解〕古代史の「謎」と「真実」ここまで解き明かされた日本誕生の舞台裏』武光誠（PHP研究所）
『戦国武将・闇に消されたミステリー いまだ解けない80の謎』三浦竜（PHP研究所）
『戦国10大合戦の謎（愛蔵版）』小和田哲男（PHP研究所）
『戦国武将「できる男」の意外な結末』日本博学倶楽部（PHP研究所）
『陰謀と暗号の世界史 歴史の闇ファイル』（笠倉出版社）
『陰謀と暗号の世界史 歴史の闇ファイル2』（笠倉出版社）
『大奥のおきて「女人版図」しきたりの謎』由良弥生（阪急コミュニケーションズ）
『日本史の謎 闇に隠された歴史の真実を暴く』（世界文化社）
『暴かれた古代日本 新事実を旅する』（世界文化社）
『教科書が教えない歴史人物の常識疑問』（新人物往来社）
『学校では教えてくれない日本史人物の謎』（学研）
『歴史を変えた武将の決断』（祥伝社）
『タブーの日本史』（宝島社）
『実録！仰天世界事件史2』（太洋図書）
『実録！仰天世界事件史3』（太洋図書）
『名言で読む幕末維新の歴史』外川淳（講談社）
『こんなに変わった！〔日本史〕偉人たちの評判』河合敦（講談社）
『図説 気になる「内幕」がまるごとわかる！戦国地図帳』歴史の謎研究会編（青春出版社）
『平清盛 栄華と退廃の平安を往く』（晋遊舎）
『恋する日本史 やまとなでしこ物語』山名美和子（新人物往来社）

【表紙・本文デザイン】 G.B.Design House
【表紙イラスト】 カスヤナガト
【本文イラスト】 諏訪原寛幸、宇野道夫、
Wolfina、影井由宇、
渡辺とおる、福田彰宏
【編集協力】 株式会社G.B.
【DTP】 徳本育民